Tantra-Massage für Paare

Der essenzielle Ratgeber für Liebe machen und Partnermassage

Cindy Steele

Healing Habits Publishing

Paperback ISBN 978-1-966691-38-9
Hardcover ISBN 978-1-966691-39-6
Large Print ISBN 978-1-966691-40-2

Contents

Die Widmung

Für alle Paare, die bereit sind, sich auf einer tieferen Ebene neu zu begegnen. Möge dieses Buch euch den Raum schenken, die Sprache der Berührung neu zu erlernen und die heilige Verbindung zwischen euren Herzen und Körpern zu feiern. Für die Liebe, die durch Achtsamkeit wächst.

Einleitung

Tantrischer Sex ist nichts für schwache Nerven. Er erfordert Muskelkraft, Interesse an Yoga sowie Flexibilität und Fitness. Sobald Sie ihn beherrschen, ist jeder Aufwand, den Sie investieren, es absolut wert. Um Ihre Reise in den tantrischen Sex zu beginnen, müssen Sie zuerst die Kunst der tantrischen Massage meistern.

Tantrische Massage ist äußerst lohnend, nicht nur für die Person, die die Massage erhält. Durch sie lernen Sie viel über den Körper Ihres Partners, die Zonen, die ihn in Stimmung bringen, und die empfindlichen Stellen auf seiner Haut, die ihn verrückt machen können.

Die tantrische Massage ist eine großartige Möglichkeit, sich mit Ihrem Partner zu verbinden, ohne dass es zur Penetration kommt. Auch wenn dies für die Person, die die Massage gibt, zunächst nicht nach viel Spaß klingt, wird sie auf andere Weise belohnt. Eine Person, die eine tantrische Massage erhalten hat, ist offener dafür, Neues auszuprobieren, entspannter und, wenn die Massage als Erregungsmethode genutzt wird, kann dies für die Person, die die Massage gibt, äußerst vorteilhaft sein.

Je mehr Ihr Partner erregt ist, desto mehr profitieren Sie von Ihrer sexuellen Beziehung. Ihr Partner wird so begeistert und erregt von der tantrischen Massage sein, dass er Sie vor Ekstase nahezu überwältigen wird, wenn Sie mit dieser wundervollen Massage fertig sind, die auch eine spirituelle Verbindung ermöglicht.

Eine spirituelle Verbindung lässt viele Menschen ihre sexuellen Begegnungen als kraftvoller empfinden. Die tantrische Massage hilft Ihnen beiden, diese Verbindung wiederzubeleben und sie jedes Mal zu stärken, wenn Sie in Stimmung sind, indem Sie eine tantrische Massage bei Ihrem Partner durchführen.

Orgasmen verlängern

Orgasmen sind das Herzstück jeder sexuellen Erfahrung. Es dauert tatsächlich länger, bis Frauen den Punkt der Erregung erreichen, an dem sie einen Höhepunkt erleben können. Aus diesem Grund ist es notwendig, die Vorfreude aufzubauen, bevor man in den Bereich des Geschlechtsverkehrs eintritt. Die tantrische Massage kann in diesem Bereich enorm hilfreich sein, da sie sowohl äußerst erregend als auch entspannend wirkt. Dadurch wird Ihr Partner sexuell offener und genauso erregt wie Sie, wenn Sie Ihre gemeinsame Erfahrung beginnen.

Ein weiterer Vorteil der tantrischen Massage ist, dass sie Orgasmen verlängern und deren Intensität steigern kann. Dies liegt an den entspannenden Eigenschaften sowie der Erregung und Intensität der Empfindungen, die durch die Massage erzeugt werden.

Einleitungstexte sollen Ihre Leser darauf vorbereiten, was sie im Hauptteil des Buches erwartet. Sie werden am häufigsten in Sachbüchern verwendet und bieten eine großartige Möglichkeit, zu erklären, wer Sie sind, warum Sie das Buch schreiben und was die Leser davon erwarten können.

Einleitungen befinden sich oft im Hauptteil des Buches, vor dem ersten Kapitel, und werden daher nicht strikt als vorderer Teil des Buches betrachtet.

Kapitel 1: Tantrische Massage – Die Grundlagen

Millionen von Menschen auf der Welt interessieren sich heutzutage ernsthaft für ihren Körper und ihren Geist. Sie gönnen sich Entspannung, um den verschiedenen Stressfaktoren entgegenzuwirken, die mit dem hektischen Leben von heute verbunden sind. Die tantrische Massage ist eine großartige Möglichkeit, eine entspannende, intime Zeit für Sie und Ihren Partner zu schaffen.

Die meisten Menschen erleben in ihrem Alltag Stress, egal wohin sie sich wenden. Sie erfahren Stress in ihrem Privatleben, zu Hause, sowie Stress im Zusammenhang mit Hausarbeiten und anderen Verpflichtungen, die Teil ihres Lebens sind. Das macht es sehr schwierig, in die richtige Stimmung zu kommen, um mit ihrem Partner intim zu werden, vor allem, weil die Belastungen des Alltags immer wieder in ihren Kopf eindringen.

Massage

Viele Menschen wenden sich verschiedenen Methoden zu, um den Stress aus ihrem Leben zu verdrängen. Sie nutzen Aromatherapie, Hot-Stone-Massagen, Shiatsu und Thai-Massagen. Dies sind zumindest die bekanntesten und beliebtesten Arten von Massagen. Die tantrische Massage wird jedoch schnell zu einer der beliebtesten Entspannungsmethoden in Beziehungen, da sie langfristig beiden Partnern zugutekommt.

Menschen nutzen Massagen, um ihren Geist von ihrem äußerst hektischen Alltag zu befreien. Es gibt jedoch eine aufstrebende Art von Massage, die Paare kennen sollten: die tantrische Massage.

Bevor wir auf die verschiedenen Arten tantrischer Massagen, Techniken und Strategien eingehen, ist es wichtig, zwischen tantrischer Massage, tantrischem Sex und tantrischer Berührung zu unterscheiden. Dies wird Ihnen helfen, die richtigen Begriffe zu verwenden, wenn es darauf ankommt.

Den Unterschied zwischen den drei verstehen

Tantrische Berührung

Tantrische Berührung ist eines der Hauptmerkmale des tantrischen Sex. Viele Menschen sind überrascht, wenn sie erfahren, dass tantrischer Sex mehr ist, als nur neue sexuelle Positionen zu lernen – obwohl Sie diese ebenfalls kennenlernen können. Tantrische Berührung hilft Ihnen, sich durch Geist, Seele, Herz und Körper mit Ihrem Partner zu verbinden. Dies macht tantrischen Sex zu einer persönlicheren Erfahrung.

Es hilft, eine tiefere Verbindung zu Ihrem Partner aufzubauen und die sexuelle Interaktion auf eine spirituellere Ebene zu bringen. Mit den ständigen Veränderungen des Lebensstils kommt es manchmal vor, dass Paare nicht genügend Zeit haben, um durch einfache, intime Berührungen eine Verbindung aufzubauen. Dies kann dazu führen, dass die Beziehung ins Wanken gerät, und wenn die Vernachlässigung anhält, könnte sie in einer schwierigen Trennung enden.

Bei tantrischer Berührung gibt es einige der wichtigsten Dinge, die Sie beachten sollten.

Privatsphäre

Stellen Sie sicher, dass es während Ihrer Sitzung keine Unterbrechungen gibt. Dies hilft Ihnen, sich zu entspannen, ohne sich Sorgen machen zu müssen, dass jemand Sie stört. Schalten Sie alle äußeren Einflüsse aus. Schließen Sie die Türen ab, stellen Sie sicher, dass die Kinder schlafen (oder noch besser: bei ihren Großeltern übernachten), und schalten Sie alle elektronischen Geräte aus. Alle Telefone müssen ausgeschaltet sein, einschließlich Ihres Handys und Ihres Festnetztelefons. Wenn Ihre Kinder alt genug sind, um allein unterwegs zu sein, stellen Sie sicher, dass keine Chance besteht, dass sie hereinkommen. Falls nötig, sagen Sie ihnen, dass Sie eine Massage-Sitzung vorbereiten – das wird sie auf Abstand halten!

Wenn Sie häufig unangekündigten Besuch bekommen, hängen Sie eine Notiz an Ihre Haustür mit der Bitte, nicht zu stören, da Sie sich ausruhen. Bitten Sie außerdem darum, nicht an der Tür zu klingeln. Jede Möglichkeit einer Unterbrechung kann dazu führen, dass die Massage weniger lohnend ist, da immer die ständige Bedrohung durch eine Unterbrechung im Raum steht.

Zeit schaffen

Wenn Sie jemals Zeit finden, sich mit Freunden zu treffen und ein Bier zu trinken, stellen Sie sicher, dass Sie diese Zeit stattdessen mit Ihrem Partner verbringen. Sie müssen darauf achten, dass sowohl Ihr Zeitplan als auch der Ihres Partners freie Zeit enthalten, um Körper und Geist zu entspannen.

Richtig vorbereiten

Tantrische Berührung geschieht nicht mysteriös oder auf übernatürliche Weise. Sie müssen sich darauf vorbereiten. Hier sind einige Ideen, die Sie in Betracht ziehen können:

Gehen Sie gemeinsam im Park spazieren, halten Sie Händchen und entspannen Sie sich.

Nehmen Sie eine gemeinsame Dusche, die sicherlich zur tantrischen Berührung beitragen kann.

Zünden Sie Kerzen im Schlafzimmer an, um die tantrische Berührung zu fördern.

Sie sollten wissen, dass der Schlüssel zur perfekten tantrischen Berührung darin besteht, sicherzustellen, dass Sie beide in der Gesellschaft des anderen den Geist gelockert haben.

Wenn Sie außerdem eine gute Stimmung schaffen möchten, können Sie Musik verwenden, um unerwünschte Geräusche aus der Außenwelt zu übertönen. Achten Sie darauf, Musik zu wählen, die nicht zu laut oder störend ist. Ambient-Musik ist perfekt, und es gibt viele passende Stücke, die sich ideal für eine tantrische Massagesitzung eignen. Die Musik hilft

Ihnen beiden, in eine entspannte Stimmung zu kommen, Stress abzubauen und sich dem Vergnügen hinzugeben.

Der Ort, an dem Sie die tantrische Berührung erleben, ist wichtig. Wenn Sie sich in einem unordentlichen Raum befinden, glauben Sie, dass das Ihnen hilft, sich zu entspannen? Daher sollten Sie als Teil Ihrer Vorbereitung darauf achten, dass der Raum sauber und ordentlich ist. Wenn Sie die Stimmung gestalten möchten, können Sie Duftkerzen und Öle verwenden, die Ihnen und Ihrem Partner helfen, sich zu entspannen.

Kein Urteilen

Urteilen Sie nicht – bewundern Sie nur. Sie sollten nicht aufhören, den Körper Ihres Partners zu betrachten, aber wenn Sie ihn auf die falsche Weise ansehen, senden Sie die falsche Botschaft. Das kann die gesamte Situation in einen peinlichen Moment statt in einen intimen verwandeln.

Wenn Sie möchten, dass dies funktioniert, stellen Sie sicher, dass Sie den Körper Ihres Partners nicht auf eine Weise betrachten, die als kritisch empfunden werden könnte. Sie sollten den Körper Ihres Partners immer so ansehen, als sei er anziehend, und so, als wären Sie von jeder Linie und jedem Detail fasziniert. Ignorieren Sie alle Unvollkommenheiten und konzentrieren Sie sich darauf, was Sie an Ihrem Partner lieben.

Alles, was Sie tun müssen, ist bewundernd zu schauen, wie bei einem schönen Gemälde in einer Kunstgalerie. Nehmen Sie jeden Quadratzentimeter des Körpers Ihres Partners auf, als wäre er das schönste Kunstwerk, das Sie jemals gesehen haben.

Sie sollten sich so präsentieren, als wäre Ihr Partner Ihre Seelenverwandte. Sie möchten wissen, was Ihren Partner glücklich macht, und Sie möchten erleben, wie sich jede Berührung für ihn anfühlt.

Sanft beginnen

Wenn diese tantrische Berührung erfolgreich sein soll, verhalten Sie sich nicht wie ein Tier. Beginnen Sie mit einer sanften Berührung. Wenn Sie Ihren Partner erreichen und ihn oder sie berühren, achten Sie auf die Reaktion, denn sie zeigt Ihnen, ob er oder sie Ihre Berührung mag oder nicht.

Wenn Ihr Partner etwas genießt oder es lieber anders hätte, nehmen Sie sein Feedback an und begrüßen Sie es, als ob Ihr einziger Gedanke in diesem Moment wäre, ihn zu erfreuen und sicherzustellen, dass er sich so gut wie möglich fühlt.

Bei einer tantrischen Massage sollten Sie darauf achten, nicht an sich selbst zu denken. Ihr Fokus liegt ausschließlich auf Ihrem Partner und darauf, wie er sich in diesem Moment fühlt.

Tantrischer Sex

Tantrischer Sex ist nicht wie gewöhnlicher Sex oder Liebesspiel. Er stärkt Ihre sexuellen Übungen und steigert die sexuelle Freude, während er eine erfüllende Erfahrung bietet. Der Begriff „tantrischer Sex" stammt vom indischen Wort „Tantra", das „zeigen", „manifestieren" und „weben" bedeutet.

Es heißt, dass tantrischer Sex die Gesundheit einer Person fördert, da er grundsätzlich die sexuelle Energie eines Individuums nutzt. Durch die Nutzung dieser sexuellen Energie kann eine Person die wahre Quelle von Vitalität und Jugend anzapfen.

Häufig betrachten Menschen Sex als einen wesentlichen Teil des Lebens, der der Fortpflanzung dient. Tantrischer Sex konzentriert sich mehr auf die spirituelle und sexuelle Transformation einer Person, die Suche nach Euphorie und den Aufbau einer tieferen Verbindung mit Ihrem Partner.

Tantrischer Sex ist nicht auf den Orgasmus als Endergebnis ausgerichtet, wie es bei den meisten sexuellen Erfahrungen der Fall ist. Der Fokus des tantrischen Sex liegt darauf, den Akt selbst zu genießen und den Orgasmus so lange wie möglich hinauszuzögern. Das Ziel ist es, eine Verbindung mit Ihrem Partner auf einer Ebene herzustellen, die gewöhnlicher Sex nicht bieten kann. Sie sollten darauf konzentriert sein, eine spirituelle Verbindung aufzubauen und jede Bewegung und jeden Kuss bewusst zu genießen.

Tantrischer Sex kann Pausen erfordern, um sicherzustellen, dass eine spirituelle Verbindung erreicht wird und Sie sich nicht nur auf das Endziel oder den Orgasmus konzentrieren. Beim tantrischen Sex sollte der Orgasmus so lange wie möglich vermieden werden.

Ein kleiner Hinweis: Eine typische Sitzung tantrischen Sexes kann viele Stunden dauern und Ihre Muskeln stark beanspruchen. Halten Sie daher Erfrischungen bereit, um nicht zu dehydrieren oder einen trockenen Mund zu bekommen. Machen Sie gelegentlich eine Pause, um etwas zu trinken. Dies hält Sie nicht nur hydriert, sondern hilft auch, die Sitzung zu verlängern, indem es die Stimulation Ihrer Sexualorgane für kurze Zeit reduziert. Dadurch kann die Erregung etwas abklingen, und Sie können sich wieder auf das Ziel der Erfahrung konzentrieren, anstatt sich zu schnell zu sehr aufzuregen.

Sie sollten sich auch darauf konzentrieren, was Ihr Partner fühlt und welche Bedürfnisse er hat. Obwohl das übergeordnete Ziel einer tantrischen Sex-Sitzung Vergnügen ist, sollte es auf gleiches Vergnügen für beide Beteiligten ausgerichtet sein und nicht nur für eine Person.

HINWEIS: Wenn Sie sicheren Sex praktizieren, sollten Sie sicherstellen, dass Sie mehrere Kondome griffbereit haben, da sie sich bei längeren sexuellen Begegnungen dehnen oder reißen können. So bleibt die gesamte Begegnung sicher, und Sie können die Kondome bei Bedarf wechseln. Eine weitere Option sind Femidome (Frauenkondome), die haltbarer sind als Kondome für Männer.

Grundlagen des tantrischen Sex

- Da tantrische Berührung eine Grundlage des tantrischen Sex ist, gehört das Schaffen eines gemütlichen Ortes zu den wichtigen Vorbereitungen.

- Dies sind die Grundlagen erfolgreichen tantrischen Sexes in einfachen Worten:

- Es sollte an einem Ort stattfinden, an dem Sie sich beide entspannt, aber auch spielerisch und bereit für Vergnügen fühlen.

- Passen Sie Ihren Atemrhythmus an den Ihres Partners an. Zum Beispiel, wenn Ihr Partner einatmet, sollten Sie ausatmen. Es wird angenommen, dass das Anpassen des Atemrhythmus an den Ihres Partners eine der wichtigsten Voraussetzungen für erfolgreichen tantrischen Sex ist.

* Halten Sie die Augen offen. Oft schließen Menschen beim Liebesspiel die Augen. Beim tantrischen Sex sollten Sie sie offen halten und auf Ihren Partner fokussieren. So vertiefen Sie Ihre Verbindung zueinander, und alles zu sehen, wirkt zutiefst transformativ.

* Machen Sie es langsam. Menschen sind oft in Eile und denken nicht an tantrische Berührung oder Vorspiel. Sie sehen Sex als gewöhnlichen Sex, doch beim tantrischen Sex können zusätzliche Erfüllung und Freude zu gesteigerter Vitalität und Energie beitragen. Das Alter spielt beim tantrischen Sex keine Rolle.

Tantrische Massage

Bevor wir dieses Kapitel abschließen, sprechen wir über die tantrische Massage. Menschen können Tantra ohne Sex erleben, und eine Möglichkeit, dies zu tun, ist die tantrische Massage. Es handelt sich um eine äußerst persönliche Massage, die zur Entspannung dient und eine intimere Beziehung zwischen zwei Menschen schafft. Tantrische Massage kann durch das Teilen von Energie und gegenseitige Entspannung durchgeführt werden.

Diese Art der Massage verbindet sexuelle Energie mit der üblichen Massage, die Ihnen vielleicht bereits bekannt ist. Der Gedanke hinter dieser Massage ist, die sieben Energien, auch bekannt als „Chakras", zu stimulieren. Die Chakras befinden sich entlang der menschlichen Wirbelsäule, und durch das Ausbalancieren der Chakras können blockierte Energien durch den gesamten Körper fließen.

Dies sind die Unterschiede zwischen tantrischer Berührung, tantrischem Sex und tantrischer Massage. In diesem Buch konzentrieren wir uns mehr auf die tantrische Massage, ihre Vorteile und einige bekannte Techniken, die Sie mit Ihrem Partner üben können.

Sinnliche Frauen

Frauen werden auf ganz andere Weise erregt als Männer, und es kann einige Zeit dauern, wirklich zu verstehen, wie und wo Ihre Partnerin berührt und stimuliert werden möchte – was zu unterschiedlichen Zeiten im Menstruationszyklus besonders wichtig ist. Wussten Sie, dass eine Massage Ihr Verständnis für die sinnlichen Reaktionen und Wünsche Ihrer Partnerin vertiefen kann? Sie kann Ihnen helfen, zu schätzen, was sie wirklich will und begehrt – und wann sie es will. Um die Sexualität Ihrer Partnerin zu fördern, schauen Sie sich die folgenden Tipps an.

Seien Sie sich bewusst, dass eine Frau tief fühlen muss, wenn Sie tiefen Zugang zu ihrer Sinnlichkeit erhalten möchten. Sorgen Sie dafür, dass sich Ihre Partnerin geschätzt, bestätigt und geliebt fühlt. Wenn sie sich vollständig auf das Massageerlebnis einlässt, werden Sie wissen, dass sie sich vollkommen sicher fühlt.

Sie können bestimmte Gesten verwenden, um ihr zu zeigen, dass Sie sie auf allen Ebenen lieben und verehren. Die erste Geste besteht darin, Ihre Hand sanft oberhalb ihrer Brüste zu platzieren. Hier liegt ihr Herzchakra – eine Energiequelle, die helfen kann, all diese Gefühle aus ihren erogenen Zonen direkt zu ihrem Herzen zu bringen. Diese Geste zeigt ihr auch, dass Sie verstehen und anerkennen, was in ihrem Herzen ist.

Weibliche erogene Zonen

Sowohl Männer als auch Frauen haben zahlreiche erogene Zonen an ihrem Körper. Doch bei Frauen gibt es bestimmte Bereiche, auf die Sie sich konzentrieren sollten, um Stimulation und Erregung zu fördern:

Hals: Wenn Sie den Hals streicheln und leicht an den Seiten knabbern, empfindet Ihre Partnerin tief sinnliche Gefühle. Der Hals ist eine der wichtigsten Bereiche bei der tantrischen

Massage, und ihn richtig zu berühren, kann starke sexuelle Energie erzeugen.

Lippen: Ein weiterer unglaublich sensibler Teil des Körpers sind die Lippen. Sie reagieren gut auf sanfte, weiche Berührungen mit den Fingerspitzen und verschiedene Arten von Küssen. Je tiefer Sie die Lippen Ihrer Partnerin küssen, desto mehr Vergnügen empfindet sie. Unterschätzen Sie nicht die Kraft eines Kusses während einer tantrischen Massage. Er kann die Sexualhormone und Gefühle erheblich steigern.

Taille: Die Taille wird oft nicht als erogene Zone betrachtet, doch sie ist es. Nutzen Sie beide Hände, um sie zu massieren, oder streichen Sie sanft mit den Fingerspitzen darüber, was erstaunliche sexuelle Empfindungen auslösen kann.

Arme: Verleihen Sie Ihrer Partnerin außergewöhnliche Empfindungen, indem Sie sanft mit den Fingerspitzen die Innenseite ihrer Arme streicheln.

Hände: Streichen Sie leicht über die Handflächen und saugen Sie sanft an ihren Fingern, um ihr einen sexuellen Schub zu geben. Die Hände sind ein wichtiger Teil der tantrischen Massage, nicht nur für die Person, die die Massage gibt. Das Streicheln der Hände und das Saugen an den Fingern können bei einer Frau sinnliche Gefühle hervorrufen.

Brüste: Der Brustbereich ist sehr empfindlich, und sanftes Streicheln kann sofortige Erregung hervorrufen. Konzentrieren Sie sich anschließend auf die Brustwarzen, einen noch empfindlicheren Bereich, der schnell auf jede Berührung reagiert – sei es mit den Fingern oder dem Mund. Die Brustwarzen gelten als eine der wichtigsten erogenen Zonen, um sexuelles Vergnügen ohne Geschlechtsverkehr zu fördern.

Unterbauch: Der Unterbauch ist eine der weniger bekannten erogenen Zonen, aber sanftes Streicheln kann starke Erregung hervorrufen. Denken Sie daran, dass dieser Bereich während einer tantrischen Massage von großer Bedeutung sein kann, da Sie die sexuelle Lust Ihrer Partnerin auf ein völlig neues Niveau bringen können.

Schritte für eine erfolgreiche tantrische Massagesitzung

Werden Sie intim

Wenn Sie und Ihr Partner das Gefühl haben, bereit für ein tieferes Maß an Intimität und intensivere erotische Empfindungen zu sein, kann die tantrische Massage Ihnen ganz neue Arten von Erfahrungen bieten. Diese Massagen sind dafür gedacht, dass Sie beide sinnlichen Genuss um seiner selbst willen geben und empfangen können.

Um das Beste aus einer tantrischen Massagesitzung herauszuholen, ist es wichtig, sich vollkommen wohl und ungehemmt mit Ihrem Partner zu fühlen. Überlegen Sie sich, wie Sie sich emotional und körperlich aufeinander einstimmen können, da dies Ihnen beiden hilft, die alltäglichen Belastungen loszulassen und sich den sinnlichen Freuden der Massage hinzugeben.

Eine tiefere Bindung schaffen

Arbeiten Sie auf eine Situation hin, in der Sie und Ihr Partner sich eher wie eine Einheit fühlen als wie zwei getrennte Personen. So entsteht eine wahrhaft intime Verbindung. Wenn es keine Barrieren zwischen Ihnen gibt und Sie fähig sind, vollkommen ehrlich zueinander zu sein und einander bedingungslos zu vertrauen, spüren Sie eine echte Verbindung. Sobald Sie beide sich emotional sicher fühlen, ergibt sich oft der Wunsch nach mehr körperlicher Nähe.

Indem Sie Ihre intime Bindung zu Ihrem Partner stärken, schaffen Sie die Grundlage für eine weitaus intensivere, emotionalere, erotischere und angenehmere tantrische Massagesitzung.

Emotionale Verbindung

Beginnen Sie keine tantrische Massage, bevor Sie sich Zeit genommen haben, liebevoll miteinander umzugehen. Halten, berühren und streicheln Sie einander, um sich vollständig zu entspannen und den Moment zu genießen. Schauen Sie sich liebevoll in die Augen und stimmen Sie sich aufeinander ein. Achten Sie darauf, dass Ihr Atem synchron ist, indem Sie langsam gemeinsam ein- und ausatmen. Dies stärkt Ihre Verbindung und verbessert Ihre Konzentration.

Denken Sie bewusst an Ihren Partner und achten Sie auf das, was Sie an ihm wahrnehmen. Welche Eigenschaften hat er? Welche Farbe haben seine Augen? Wenn Ihnen ein positiver Gedanke kommt, teilen Sie ihn mit Ihrem Partner. Sagen Sie ihm, dass Sie es lieben, mit ihm zusammen zu sein, und dass er großartig aussieht. Solche Worte helfen Ihnen beiden, sich emotional zu verbinden.

Sobald Sie vollständig aufeinander eingestimmt sind, kann sich derjenige, der die Massage genießen wird, ganz auf die empfundene Freude und die durch die Massage ausgelösten Gefühle konzentrieren. Derjenige, der die Massage gibt, kann seine Aufmerksamkeit auf das Vergnügen richten, das er beim Geben der tantrischen Massage empfindet. Solche Momente tragen dazu bei, dass Sie sich gegenseitig schätzen.

Eine körperliche Bindung schaffen

Ihr Gehirn empfängt Signale, wenn Sie Ihre Hände oder Fingerspitzen auf jemanden legen. Das Gehirn füllt Ihren Körper daraufhin mit Hormonen, die tiefes Vergnügen bereiten. Wenn das Berühren bewusst und achtsam geschieht, kann es beide Partner erregen. Selbst wenn Sie denken, dass tantrische Massage nichts für Sie ist, probieren Sie es einfach aus, indem Sie mit Ihrem Partner zusammen sind und ihn berühren. Sie werden feststellen, dass Ihre Bindung stärker wird und Ihr Körper darauf reagiert.

Während Sie einander halten, konzentrieren Sie sich auf die körperlichen Aspekte Ihres Partners und lernen Sie ihn vor Beginn der Massage besser kennen. Streicheln Sie seine Haut, halten Sie seine Arme und fühlen Sie seine Hände. Seien Sie sich bewusst, dass Sie beide zwar körperlich unterschiedlich sind, diese Unterschiede jedoch eine große Rolle in Ihrer Erregung und Ihrem sexuellen Energieniveau spielen.

Seien Sie empfänglich

Wenn Sie beide sich über Ihr Ziel einig sind, kann die tantrische Massage das ideale Vorspiel für den Geschlechtsverkehr sein. Einer der größten Vorteile einer tantrischen Massagesitzung ist das Gefühl, die Zeit auszudehnen. Körperliche Empfindungen werden intensiver, und selbst das Atmen wird zu einem bewussten Akt.

Sie könnten die beste Zeit Ihres Lebens haben und wünschen, dass sie nie endet, da die Gefühle, die Sie dabei empfinden, intensiver sind als alles, was Sie je erlebt haben. Tantrische Massage ist sehr sinnlich.

Chakras aktivieren

Beginnen Sie, die Chakras Ihres Partners zu massieren, um Erregung und Verführung zu fördern. Nehmen Sie sich während der Massagesitzung genügend Zeit, um sich auf die Chakrazonen zu konzentrieren, insbesondere auf das Wurzelchakra, das sich immer an der Basis der Wirbelsäule befindet.

Massieren Sie den Rücken, das Gesäß und die Oberschenkel Ihres Partners und machen Sie kreisende Bewegungen im unteren Rückenbereich. Dies stimuliert die Genitalien, und diese Empfindungen durchfluten den ganzen Körper und bereiten ihn auf weitere Berührungen vor. Wenn Sie möchten, können Sie einen Vibrator verwenden, um diese Stelle zu massieren und Ihrem Partner noch mehr Vergnügen zu bereiten.

Kapitel 2: Die Hauptvorteile der tantrischen Massage

Menschen können durch Thai-Massage, Hot-Stone-Massage, Schwedische Massage und Aromatherapie entspannen. Außerdem bietet die tantrische Massage zahlreiche Vorteile, von denen einige der wichtigsten hier aufgeführt sind.

Verbesserte Atemmuster und -techniken

Eine der Atemtechniken, die die tantrische Massage häufig einbezieht, ist „Pranayama". Dabei atmen Sie tiefer durch die Nase ein und schnell wieder aus. Diese erstaunliche Technik setzt Energie sehr effektiv im gesamten Körper frei. Nicht nur können Einzelpersonen ihre Atemstrategien verbessern, sondern auch ihre körperliche Leistungsfähigkeit und Aufmerksamkeit steigern. Die Heilungszeit nach Krankheiten oder Verletzungen verkürzt sich dank erhöhter und geförderter Entspannung.

Entspannung von Körper und Geist

Das Hauptziel einer Massage ist im Allgemeinen die Entspannung von Geist und Körper. Die tantrische Massage geht jedoch darüber hinaus: Sie reduziert auch emotionale Schmerzen, die Sie möglicherweise empfinden. Zusätzlich hilft sie, körperliche Beschwerden zu lindern. Da die tantrische Massage die Aufmerksamkeit steigert, fühlen sich Menschen tagsüber aktiver und können nachts besser schlafen. Personen, die eine tantrische Massage erlebt haben, berichten häufig, dass sie sich weniger ängstlich oder schuldig fühlen. Dies ist definitiv einer der größten Vorteile der tantrischen Massage.

Steigerung der sexuellen Erregung

Wenn die tantrische Massage zwischen Paaren praktiziert wird, stärkt sie ihre Bindung und kann zu einer intensiveren Zweisamkeit führen. Wird die tantrische Massage jedoch an Einzelpersonen durchgeführt, ist es wichtig, dass Sie Ihrem Masseur mitteilen, welche Empfindungen Sie erleben. Sexuelle Erregung kann auch während der Sitzung auftreten.

Stress abbauen

Stress kann durch angehäufte Arbeit, Schulaufgaben, familiäre Probleme oder mehrere Aufgaben zu Hause entstehen. Bei solchen Belastungen kann eine Sitzung bei einem Masseur helfen, Geist und Körper zu befreien. Tantrische

Massage macht Ihren Körper leichter und kann Ihren Geist von der erlebten Anspannung befreien.

Verbesserung der Orgasmusfähigkeit bei älteren Männern

Mit zunehmendem Alter sinkt der Hormonspiegel bei Männern (und auch bei Frauen), was oft zu verminderter sexueller Erregung führt. Ältere Männer haben manchmal Schwierigkeiten, einen Orgasmus zu erreichen. In solchen Fällen kann tantrische Massage nützlich sein, da sie die Produktion von Sexualhormonen anregt. Dadurch können ältere Männer weniger anfällig für erektile Probleme sein.

Besseres Verständnis des menschlichen Körpers

Eines der Hauptziele der tantrischen Massage ist es, blockierte sexuelle Energien freizusetzen. Während einer Massagesitzung kann eine Person die Körperteile identifizieren, die sexuelle Erregung auslösen. Darüber hinaus können sie sich auf spezifische Bedürfnisse konzentrieren, die Freude beim Sex beeinflussen. Zusammenfassend ist tantrische Massage nicht nur eine Technik zur Steigerung des sexuellen Vergnügens, sondern auch förderlich für Gesundheit und Wohlbefinden.

Die tantrische Philosophie zeigt, dass alles mit Energie erfahren werden sollte, jedoch mit Achtsamkeit und einem Gefühl der Heiligkeit in jeder Bewegung, jedem sinnlichen

Erlebnis und jeder Handlung. Der tantrische Weg ist ein tieferer, der die Erfahrung unserer Sexualität und erotischen Natur als bewusste Therapie umfasst und schätzt – als ein Zusammenfließen von physischen, sexuellen und universellen Energien.

Eine einfache Anleitung zur tantrischen Massage, um Ihr Liebesleben aufzupeppen

Massage ist eine großartige Möglichkeit, Spannungen abzubauen, die Durchblutung zu verbessern, Energie im Körper zu bewegen und Ihren Partner sexuell zu erregen! Massage ist auch eine gegenseitig erfüllende Methode, Paaren Nähe und Intimität zu vermitteln. Die moderne Gesellschaft leidet oft unter einem Mangel an Berührung, und Massage ist ein schneller, einfacher Weg, um dieses Bedürfnis zu stillen.

„Einfach?", könnten Sie fragen. Tatsächlich müssen Sie kein zertifizierter Masseur sein, um eine großartige tantrische Massage zu geben. Der wichtigste Bestandteil einer großartigen Massage ist der Wille, Ihren Liebsten zu verwöhnen.

Hier einige Vorschläge

Beginnen Sie damit, die richtige Stimmung für eine romantische Umgebung zu schaffen, indem Sie das Licht dimmen, ein paar Kerzen und Räucherstäbchen anzünden, die Lieblingsmusik Ihres Partners abspielen und den Raum auf eine angenehme Temperatur bringen.

Zwar wird Ihnen beiden bald warm genug sein, aber es ist immer besser, mit einer Temperatur zu beginnen, bei der Sie sich wohlfühlen – besonders, da Sie gleich nackt sein werden!

Kapitel 3: Regeln der tantrischen Massage

Heutzutage sind viele von uns anfällig für Verletzungen. Es gibt körperliche Verletzungen wie Rückenschmerzen, Kopfschmerzen, einfache Muskelzerrungen oder -verspannungen, leichte Kopfverletzungen oder Belastungen durch ein anstrengendes Training, das sich auf einen bestimmten Körperteil konzentriert. Es gibt auch emotionale Verletzungen wie Angst, Unruhe, mentale Erschöpfung, leichte Selbstzweifel, Melancholie, Frustrationen, Unstimmigkeiten, Trennungen, Schuldgefühle und mehr. Jeder erlebt solche Verletzungen t täglich, und sie erschöpfen nicht nur die guten, sondern auch die positiven Energien.

Diese Verletzungen können sich zu negativer Energie sowohl im Geist als auch im Körper entwickeln. Wenn sie unbehandelt bleiben, können sie sich zu einem kritischen Niveau aufbauen und zu ernsthaften gesundheitlichen Problemen führen – sowohl physisch als auch mental.

Es ist wichtig, den Unterschied zwischen einer herkömmlichen Massage und einer tantrischen Massage zu erkennen. Eine herkömmliche oder standardmäßige Massage wird in der Regel durchgeführt, um vorübergehend kleinere Körperschmerzen zu lindern oder geistige Entspannung zu fördern. Eine tantrische Massage hingegen zielt darauf ab, die Sinnlichkeit wiederzubeleben, die durch den täglichen Stress und die Ängste möglicherweise verloren gegangen ist.

Um die bestmöglichen Effekte einer tantrischen Massage zu erzielen, muss sie auf die richtige Weise durchgeführt werden. Dies sind die wichtigsten Prinzipien der tantrischen Massage, die jede Person zu einer erfolgreichen Sitzung führen.

Sammeln Sie die wichtigsten Dinge für die tantrische Massage

Wählen Sie zuerst Duftkerzen, Öle oder Räucherstäbchen aus, um die Luft in Ihrem bevorzugten Raum zu reinigen und zu aromatisieren. Das Aromatisieren der Luft verbessert auch die Luftzirkulation. Wählen Sie außerdem passende Musik, die sowohl Ihnen als auch Ihrem Partner gefällt, um die richtige Stimmung zu schaffen.. Achten Sie darauf , die Belüftung des Raums zu überprüfen, damit Sie sich während der tantrischen Massage so wohl wie möglich fühlen sollten.

Bei der Auswahl der Musik stellen Sie sicher, dass Sie eine umfangreiche Playlist vorbereiten, damit Sie die Sitzung nicht unterbrechen müssen, um ein neues Lied auszuwählen.

Stellen Sie sicher, dass Sie mindestens vier saubere, weiche Handtücher und zwei saubere Plastik- oder Gummitücher haben. Die Handtücher werden verwendet, um die Kissen zu bedecken. Einige der Öle, die Sie verwenden möchten, könnten Flecken auf Ihrer Kleidung hinterlassen. Daher werden Plastik- oder Gummitücher empfohlen.

Zuletzt müssen Sie das Öl oder die Salbe auswählen, die Sie für die tantrische Massage verwenden möchten. Recherchieren Sie die besten Alternativen für Öle oder Cremes. Alternativ können Sie auch ein Fachgeschäft besuchen und sich dort Empfehlungen einholen.

Sicherstellen, dass die Stimmung richtig gesetzt ist

Stellen Sie immer sicher, dass die Tür abgeschlossen ist, da Sie keine Unterbrechungen während der tantrischen Massage brauchen. Es ist auch wichtig, dass sowohl Ihre Handys als auch andere elektronische Geräte auf lautlos gestellt oder besser noch, ausgeschaltet sind.

Bevor Ihr Partner den Raum betritt, Stellen Sie sicher , dass alles vorbereitet und an der richtigen Stelle ist. Beispielsweise sollte der Massagetisch richtig abgedeckt, die Handtücher zusammengerollt und die Kerzen angezündet sein.

Perfekte Beleuchtung ist ebenfalls ein absolutes Muss. Sie muss nicht unbedingt sehr hell oder sehr dunkel sein, aber sie sollte sinnlich wirken. Stellen Sie sicher, dass Sie die Stimmung genau so gestalten, wie Ihr Partner es bevorzugt. Denn wenn Ihr Partner glücklich ist, werden Sie es am Ende der Sitzung auch sein.

Natürlich sind auch Ihre eigenen Vorlieben wichtig, aber es braucht zwei, um im Einklang zu sein. Stellen Sie sicher, dass Sie und Ihr Partner in Bezug auf Vergnügen und Entspannung harmonieren. Denken Sie außerdem daran, während der Massagesitzung regelmäßig Wasser zu trinken, um hydratisiert zu bleiben.

Weitere Punkte, die in Ihre Planung aufgenommen werden sollten

- Bitten Sie Ihren Partner, sich vor der tantrischen Massage zu waschen oder zu duschen.

- Stellen Sie sicher, dass Ihre Nägel sauber und gekürzt sind und keine scharfen Kanten haben, die Ihren Partner verletzen könnten.

- Achten Sie vor der Massage auf Ihre eigene persönliche Hygiene.

- Sowohl der Masseur als auch der „Massierte" sollten entspannt sein, um die Massage vollständig genießen zu können.

Während der tantrischen Massage kommunizieren

Da Sie die Massagesitzung vorgeschlagen haben, sollten Sie die einzigartige Erfahrung zuerst ansprechen. Sie müssen die Bereitschaft Ihres Partners für die tantrische Massage beurteilen. Wenn Sie bei Ihrem Partner Bedenken oder Vorbehalte hinsichtlich der tantrischen Massage bemerken, sollten Sie diese umgehend ansprechen.

Beruhigen Sie Ihren Partner, indem Sie die Vorteile, Auswirkungen und die Gründe der bevorstehenden Sitzung erklären. Sie müssen Ihrem Partner den wahren Zweck und das Ziel der tantrischen Massage mitteilen. Erklären Sie es in einfachen Worten und machen Sie deutlich, dass Sie für alle Arten von Fragen offen sind.

Eine anfängliche Verbindung aufbauen, bevor Sie beginnen

Sie müssen eine Verbindung zwischen sich und Ihrem Partner herstellen, sei es durch Blickkontakt und/oder Gespräche. Tauschen Sie Gedanken und Geschichten über alles Mögliche aus, sprechen Sie über die tantrische Massage oder unterhalten Sie sich einfach über belanglose Dinge.

Wenn Sie beide ein Komfortniveau erreicht haben, werden Sie den Beginn der Verbindung spüren – das ist der Moment, Ihren Partner für die tantrische Massage zu positionieren. Ein gemeinsames Komfortniveau zu erreichen und die anfängliche Verbindung herzustellen, ist der erste entscheidende Schritt bei der tantrischen Massage. Dies hilft, Unsicherheiten oder Vorbehalte abzubauen und führt zu gemeinsamer Erfüllung, besserer Zusammenarbeit und sinnlichem Vergnügen.

Verwenden Sie richtige tantrische Massagetechniken

Ihre Hände sollten feucht und warm sein, bevor Sie beginnen. Streicheln Sie den Körper Ihres Partners zunächst mit Ihren Fingerspitzen. Beginnen Sie am Rücken Ihres Partners, bewegen Sie sich zu den Schultern und dann zu den Armen. Im unteren Bereich beginnen Sie mit dem Gesäß und fahren dann mit den Oberschenkeln und Waden fort.

Verwenden Sie leichte und teilweise neckende, ausgedehnte Streichbewegungen. Mit den Bewegungen und Reaktionen des Körpers Ihres Partners können Sie leicht erkennen, wie entspannt er oder sie ist. Wenn Sie sich unsicher sind, wie sich Ihr Partner fühlt, fragen Sie, ob er oder sie bereit ist.

In manchen Situationen fühlt sich ein Mann entspannter und wohler, wenn sein Partner ebenso unbekleidet ist wie er. Fragen Sie daher immer, ob Ihr Partner möchte, dass Sie sich ebenfalls ausziehen. Mit dieser Achtsamkeit können Sie die Verbindung aufrechterhalten und ein harmonisches Zusammenspiel ermöglichen.

Tiefere Streichbewegungen sollten mit dem Gewicht Ihres Körpers und nicht mit der Kraft Ihrer Hände ausgeführt werden. Sie könnten auch gleitende Bewegungen in Betracht ziehen. Vernachlässigen Sie keinen Bereich und konzentrieren Sie sich auf die erogenen Körperteile Ihres Partners.

Besonders wichtig: Wenn Sie den Genitalbereich massieren möchten und Widerstand bei Ihrem Partner spüren, versuchen Sie, durch Gespräche eine Verbindung herzustellen. Verwenden Sie Ihre andere Hand, um andere Körperteile Ihres Partners neckend zu berühren, um ihm oder ihr mehr Komfort zu bieten.

Die Kunst des gegenseitigen Haltens erlernen

Sprechen Sie miteinander und halten Sie sich nach der tantrischen Massage. Lernen Sie, das Nachglühen der Massage mit Ihrem Partner zu schätzen. Warum? Weil Sie nur die wahre Essenz der tantrischen Massage erleben können, wenn Sie beide die tantrische Berührung und Intimität genießen. Sie und Ihr Partner sollten der gesamten Erfahrung gegenüber vollständig positiv eingestellt sein.

Beachten Sie, dass tantrische Massage nicht verpflichtend ist

Nicht jeder ist an tantrischer Massage interessiert, da Erregung und Nähe für einige Menschen sehr schwierig sein können. Sie sollten diese Art von Massage nicht empfehlen, ohne verschiedene Faktoren zu berücksichtigen. Daher sollten Sie immer zuerst Ihren Partner einschätzen.

Berücksichtigen Sie Faktoren wie sexuelle Vorlieben und ob die Person Hautprobleme oder schmerzhafte entzündliche Erkrankungen hat, die eine Massage unangenehm machen könnten.

Beachten Sie diese sieben Regeln, bevor Sie sich in die tantrische Massage vertiefen. Im folgenden Kapitel werden Ihnen die verschiedenen Techniken und Strategien vorgestellt, die Sie kennen müssen, um die tantrische Massage vollständig genießen zu können.

Kapitel 4: Techniken der tantrischen Massage, um Ihr Liebesleben aufzupeppen

Zahlreiche Menschen sagen, dass es nur eine Bedeutung hat, wenn Ihr Partner anfängt, Sie zu betrügen – Sie haben Ihren „Touch" verloren. Die Intimität und sexuelle Energie sind nicht mehr vorhanden. In den vorherigen Kapiteln wurde erwähnt, dass Stress einer der wichtigsten Faktoren ist, warum die Intimität im Laufe der Zeit nachlässt.

Wenn Sie diese Probleme in Ihrer Beziehung haben, können die sieben allgemeinen Techniken, die unten beschrieben werden, helfen, Ihr Liebesleben ein zweites Mal neu zu entfachen.

Der Zug des Mitgefühls und der Liebe

Wie bereits erwähnt, ist die tantrische Massage eine der besten Methoden, um Stress abzubauen, blockierte sexuelle Energien im gesamten Körper freizusetzen und Ihrem Partner eine bessere sexuelle Erregung zu ermöglichen. Tantrische Massage ist auch eine gleichermaßen erfüllende Methode, um Paaren dabei zu helfen, Intimität und Verbindung zu zeigen.

Sie müssen kein zertifizierter oder autorisierter Massagespezialist sein, um eine intensive tantrische Massageerfahrung zu bieten. Der wichtigste Bestandteil ist der Wille, Ihren Partner zu erfreuen. Hier sind einige der grundlegenden Handbewegungen, die Sie kennen sollten.

Beginnen Sie mit der Rückengleittechnik

Zuerst benötigen Sie mindestens zwei Esslöffel Ihres bevorzugten Öls oder Ihrer bevorzugten Lotion. Gießen Sie das Öl oder die Lotion in Ihre Hände und verteilen Sie es gut. Achten Sie beim Verreiben des Öls oder der Lotion darauf, dass es gleichmäßig auf beide Hände verteilt ist und Ihre Hände warm sind.

Legen Sie dann beide Hände auf den unteren Rücken Ihres Partners und lassen Sie sie sanft bis zum Nacken gleiten. Führen Sie diese Bewegung in einem moderaten, zarten Tempo aus.

Nachdem Sie den Nackenbereich erreicht haben, gleiten Sie mit Ihren Händen über die Schultern, von den Schultern hinunter zu den Gesäßpartien und dann zu den Genitalien.

Die Handgleittechnik

Im zweiten Schritt beginnen Sie mit beiden Händen parallel und lassen sie auf beiden Seiten der Wirbelsäule Ihres Partners nach unten gleiten. Massieren Sie bis zum unteren Rückenbereich Ihres Partners und weiter über die Gesäßpartien.

Danach bewegen Sie beide Hände (gleichzeitig) so weit wie möglich nach oben zum Nacken Ihres Partners, dann zu den Schultern und anschließend zu den Armen, bis Sie die Fingerspitzen Ihres Partners erreichen. Wiederholen Sie jede dieser Bewegungen sechs- bis siebenmal.

Während der Wiederholungen sollten Sie Ihren Partner um Feedback bitten. Falls nicht, achten Sie darauf, ob er oder sie glücklich und zufrieden mit diesen Bewegungen zu sein scheint.

Denken Sie daran, dass die tantrische Massage effektiver ist, wenn sie sanfter und nicht stärker ausgeführt wird, da es darum geht, Ihrem Partner größtmögliches Vergnügen zu bereiten und die Erfahrung nicht schmerzhaft oder unangenehm zu gestalten.

Die Hochziehtechnik

Als alternative Methode können Sie versuchen, mit einer Hand nach der anderen die Seiten des Körpers Ihres Partners hochzuziehen und zu massieren. Beginnen Sie, indem Sie beide Hände auf die linke Hüfte Ihres Partners legen. Ziehen Sie dann sanft und behutsam in Richtung der Wirbelsäule Ihres Partners.

Anschließend bewegen Sie beide Hände zur Taille Ihres Partners. Ziehen Sie erneut in Richtung der Wirbelsäule. Danach legen Sie beide Hände an die Seite der Brust Ihres Partners.

Ziehen Sie erneut in Richtung der Wirbelsäule. Legen Sie schließlich beide Hände unter die Achseln Ihres Partners und ziehen Sie erneut in Richtung der Wirbelsäule. Wiederholen Sie diese Technik, beginnen Sie diesmal jedoch an der rechten Hüfte Ihres Partners.

Die Knettechnik

Wenn Sie jemals Brotteig geknetet haben, wird Ihnen diese Technik ganz einfach erscheinen. Falls nicht, folgen Sie diesen Schritten:

Zuerst drücken Sie mit einer Hand die Rückseite der Oberschenkel und das Gesäß Ihres Partners zwischen Daumen und Fingern in einer sanften, fließenden Bewegung. Denken Sie daran, dass Sie dabei sanft und behutsam drücken müssen – nicht fest schlagen.

Danach können Sie beide Hände zu einem anderen Bereich des Rückens Ihres Partners gleiten lassen. Wiederholen Sie alle Schritte, bis Sie das Gefühl haben, dass Ihr Partner „gut durchgeknetet" ist, beginnend vom Nackenbereich bis hinunter zum Gesäß.

Eine Faustregel: Bei den etwas fleischigeren Bereichen des Körpers Ihres Partners, wie dem Gesäß, können Sie versuchen, etwas stärker zu drücken, da diese Bereiche mehr Druck vertragen als andere weniger fleischige Stellen. Anschließend sollten Sie die Pobacken sanft spreizen, während Sie weiter „kneten".

Die Federstreich-Technik

Beginnen Sie damit, den Nacken zu streicheln, dann die Schultern und weiter hinunter zu den Armen. Kehren Sie anschließend zum unteren Rücken Ihres Partners zurück und dann zum Gesäß. Achten Sie dabei darauf, die Fingerspitzen in einer federleichten Streichbewegung zu verwenden.

Führen Sie den oben genannten Schritt mindestens sechs Minuten lang aus. Es gibt eine weitere Option: sanftes Kratzen mit Ihren Fingernägeln. Achten Sie dabei darauf, Ihren Partner nicht zu verletzen.

Sie können diese Schritte mit einer oder mehreren der folgenden drei Stile ausführen:

a.) Kreisende Bewegungen

b.) Lange, fließende Bewegungen

c.) Seitliche Bewegungen von einer Seite zur anderen

Diese Stile können Sie beliebig oft wiederholen, um Ihren Partner sehr empfänglich für das zu machen, was als Nächstes kommt.

Die Fußstreich-Technik

Diese Technik erfordert mehr Creme oder Öl. Denken Sie daran, das Öl oder die Lotion zuerst in Ihre Hände zu geben, bevor Sie es auf den Körper Ihres Partners auftragen. Gießen Sie das Öl nicht direkt auf den Körper Ihres Partners und massieren Sie es dann ein – das ist ein absolutes Tabu bei der tantrischen Massage. Sie müssen das Öl zuerst erwärmen, damit es für Ihren Partner kein Schock ist.

Wenn Ihre Hände warm sind und mit dem Öl oder der Lotion bedeckt, verwenden Sie die Handgleit-Technik und streichen Sie vom linken Oberschenkel Ihres Partners hinunter zur Wade.

Führen Sie die Schritte in einer moderaten, sanften Bewegung aus.

Bewegen Sie sich dann wieder von der Wade zurück zum Oberschenkel und beenden Sie mit einem federleichten Streich.

Wiederholen Sie alle oben genannten Schritte am rechten Oberschenkel. Denken Sie daran, diese Methode abschnittsweise auszuführen.

Die Füße gehören zu den wichtigsten erogenen Zonen und sollten volle Aufmerksamkeit erhalten.

Beginnen Sie mit dem rechten Fuß. Ihre Hände sind immer noch mit Öl bedeckt, und nun müssen Sie den Fuß Ihres Partners damit einreiben. Streichen Sie zunächst mit Ihren Händen über den Knöchel Ihres Partners, dann über die Ferse und zwischen die Zehen.

Verwenden Sie dann Ihre Handfläche, um über den unteren Teil des Fußes zu gleiten. Führen Sie diese Bewegung etwa fünfmal vor und zurück aus. Drehen Sie anschließend jeden Zeh sanft – zuerst im Uhrzeigersinn, dann gegen den Uhrzeigersinn. Schließlich gleiten Sie mit Ihrem Zeigefinger zwischen jeden Zeh und ziehen jeden Zeh vorsichtig vom Körper Ihres Partners weg (genau so, wie es ein Experte bei einer Pediküre im Salon machen würde).

Die Technik, den Partner umzudrehen

Für den letzten Teil der tantrischen Massage konzentrieren Sie sich auf den Bauchbereich und die Brustzone Ihres Partners. Wie bei den vorherigen Schritten der tantrischen Massage beginnen Sie damit, eine ausreichende Menge Öl oder Creme in beide Hände zu geben.

Stellen Sie sicher, dass das Öl oder die Creme gleichmäßig verteilt ist und dass beide Hände ausreichend warm sind, um den letzten Schritt zu beginnen. Legen Sie dann beide Hände auf den Bauchnabel Ihres Partners. Lassen Sie beide Hände langsam über den Bauch nach oben gleiten.

Halten Sie für zwei Sekunden inne, um die Vorfreude Ihres Partners auf Ihre nächste Bewegung zu steigern. Keine Sorge, dies wird die Erregung, die er oder sie möglicherweise empfindet, nicht verringern.

Als Nächstes gleiten Sie mit beiden Händen über die Brust Ihres Partners, bis Sie die Brustwarzen erreichen. Bewegen Sie Ihre Hände einmal um die Brustwarzen herum und gleiten Sie dann mit beiden Händen zurück zum Bauchnabel.

Sprechen Sie einfache Worte der Bewunderung aus, während Sie diese unglaublich intime Technik ausführen. Wiederholen Sie die oben genannten Schritte etwa sechs Mal.

Denken Sie daran, dass Sie bei weiblichen Brüsten besonders sanft sein sollten, da sie nicht so fest wie die männliche Brust sind. Aus diesem Grund kann die männliche Brust die Massagetechnik besser vertragen, während die Federstreich-Technik bei weiblichen Brüsten besser geeignet ist.

Das Anwenden dieser sieben erstaunlichen Techniken wird Ihrem Partner erheblich zugutekommen und helfen, die sexuelle Erregung und Energie zu steigern, wenn es zum Geschlechtsverkehr kommt.

Weitere wichtige Aspekte der tantrischen Massage

Sie kennen nun die allgemeinen Informationen und bewährten Techniken, um eine tantrische Massage zu genießen. Es gibt jedoch noch einige weitere Dinge, die Sie lernen sollten.

Das Wichtigste, das Sie sich merken müssen, ist, dass tantrische Massage sich von tantrischem Sex unterscheidet. Während einer tantrischen Massage sollte kein Geschlechtsverkehr stattfinden – dies ist die wichtigste Etikette. Denken Sie immer daran, dass die tantrische Massage eine sinnliche Entspannung darstellt, die dazu beiträgt, die natürliche Libido einer Person zu steigern und die Verbindung zu ihrem Partner zu verbessern. Nutzen Sie die tantrische Massage nicht als Trick oder Vorwand, um Sex mit Ihrem Partner zu haben – das ist nicht der Hauptzweck dieser Massage.

Tantrische Massage unterstützt und toleriert weder Masochismus, Sadismus noch jegliche Form von sexuellem Missbrauch. Auch wenn manche Menschen glauben, dass tantrische Massage aufregend und abenteuerlich ist, dürfen dabei niemals die Rechte eines Menschen verletzt werden.

Das bedeutet, dass Ihr Partner niemals unter Druck gesetzt werden darf, eine tantrische Massage zu erleben. Respekt sollte immer an erster Stelle zwischen Ihnen beiden stehen.

Bei der Auswahl des Öls oder der Lotion für eine tantrische Massagesitzung sollten Sie diese zuerst an Ihrer eigenen Haut testen. Nicht alle Öle oder Lotionen eignen sich für Ihre oder die Haut Ihres Partners. Öl ist besser als Creme für eine tantrische Massage, da es die Körpertemperatur besser erhöht.

Da Sie gelegentlich den Genitalbereich massieren werden, prüfen Sie immer die Etiketten der von Ihnen verwendeten Öle. Stellen Sie sicher, dass Sie nur 100 % natürliche oder biologische Öle verwenden. Traubenkernöl ist eine gute Wahl, da es den weiblichen Genitalbereich nicht reizt. Sandelholzöl kann verwendet werden, um die Libido noch weiter zu steigern.

Wenn Sie Ihre weibliche Partnerin erregen möchten, setzen Sie sich während der Massage auf ihr Gesäß. Während Sie irgendeinen Teil des Körpers Ihres Partners massieren, können Sie neckende Dinge sagen wie: „Wie fühlt sich das an?",um die Erregung zu steigern und das erste Erlebnis unvergesslich zu machen.

Manchmal möchte Ihr Partner nicht nur sanfte Streichtechniken, daher sollten Sie ihn vor Beginn der tantrischen Massagesitzung fragen.

Nachdem die großartige tantrische Massagesitzung beendet ist, nehmen Sie zusammen ein Bad. Sie können Ihrem Partner helfen, die verbleibenden Öle von seinem Körper zu entfernen – auf intime Weise, die ihn möglicherweise auf etwas Spaß unter der Dusche einstimmt.

Beim Massieren des Genitalbereichs, insbesondere bei Frauen, sollten Sie beim Einsatz der Fingerstreich-Technik darauf achten, den G-Punkt zu lokalisieren, um vollständiges orgasmisches Vergnügen zu ermöglichen.

Dies sind die wichtigsten Dinge, die Sie immer überprüfen müssen, bevor Sie Ihrem Partner eine tantrische Massage geben. Am wichtigsten ist es, die Dinge langsam anzugehen und sich Zeit zu nehmen, um Ihrem Partner das ultimative Vergnügen zu bereiten. Denn nach der tantrischen Massagesitzung wird der Nachhall dieser Sitzung deutlich sichtbar sein. Ihr Partner wird das ultimative Vergnügen erreicht haben, das er benötigt. Zögern Sie nicht, es langsam anzugehen – je langsamer die Sitzung, desto angenehmer ist sie. Genießen Sie die Massage und genießen Sie Ihren Partner.

Kapitel 5: Lingam-Massage

Tantrische Massage dreht sich darum, Ihrem Partner zu vertrauen und eine angenehme Erfahrung zu genießen. Nichts ist intimer als die Lingam- und Yoni-Massage. Diese Massagen konzentrieren sich speziell auf die männlichen und weiblichen Genitalbereiche. Obwohl es einige Zeit dauern kann, bis Sie ein solches Maß an Intimität und Intensität der Empfindungen erreichen, gehört dies zu den wunderbarsten Erfahrungen, die zwei Menschen miteinander teilen können.

Diese Massagen sind nicht darauf ausgelegt, die Partner zum Orgasmus zu bringen, obwohl dies passieren kann und auch passiert. Es geht vielmehr um völlige Entspannung und ist ein Teil des langsamen, aber befriedigenden Prozesses der tantrischen Massage und des tantrischen Sex.

Im Tantra werden Männer und Frauen als göttliche Wesen – Götter und Göttinnen – angesehen, und der Körper wird als als ein Tempel betrachtet, der respektiert und verehrt werden sollte. Tantrische Massage und Sex drehen sich also nicht nur um Sex – Leistung und Aktion –, sondern um einen Lebensstil, der Respekt und Liebe für sich selbst und den

Partner umfasst. Sex ist nur eine weitere Form von Energie, eine heilige Energie, weshalb es notwendig sein kann, Ihre Einstellung zu Sex und Liebe zu überdenken.

Sich selbst als Gott oder Göttin zu betrachten, mag zunächst unrealistisch erscheinen, aber es ist eine gute Möglichkeit, Selbstwertgefühl und Selbstbewusstsein aufzubauen. Je selbstbewusster Sie sind, desto entspannter und glücklicher werden Sie sein. Dies macht Sie empfänglicher für Liebe und abenteuerlustiger, wenn es um Sex geht. Lingam- und Yoni-Massagetechniken können dabei helfen, daher sollten Sie diese ausprobieren, wenn Sie mit den tantrischen Massagetechniken besser vertraut sind.

Vorteile der Lingam-Massage

Die Lingam-Massage ist eine spezielle Massage für Männer. Im Tantra steht „Lingam" für den Penis. Der Begriff stammt aus dem Sanskrit und bedeutet „Lichtstab". Wie bei anderen Massagen wird Öl verwendet. Sie können essbare Öle wie Kokosnuss- oder Olivenöl verwenden – besonders, wenn die Massage möglicherweise zum Geschlechtsverkehr führt. Obwohl die tantrische Massage nicht zwangsläufig in Geschlechtsverkehr endet, ist dies bei einer Lingam- oder Yoni-Massage oft der Fall.

Die Lingam-Massage ist nichts, wozu ein Partner überredet werden kann, denn um die besten Vorteile der Erfahrung zu nutzen, muss er vollkommen entspannt, empfänglich und vertrauensvoll sein. Dieser Prozess kann Zeit in Anspruch nehmen, und viele Paare erreichen dieses Maß an Intimität und Vertrauen niemals. Die Lehren des Tantra können jedoch dabei helfen, einen Zustand der Freude und tiefen Intimität zu erreichen, in dem eine Lingam-Massage in Betracht gezogen werden kann.

Die Hauptvorteile der Lingam-Massage:

Sie lehrt Sie mehr über Ihren Körper und hilft, Ihre sexuellen Impulse zu steuern und zu verbessern.

Wenn Sie oder Ihr Partner unter vorzeitigem Samenerguss leiden, hilft die Lingam-Massage, die sexuelle Aktivität zu verlängern, sodass Sie beide maximalen Genuss aus der Erfahrung ziehen können.

Die Lingam-Massage erhöht und verbessert den Sauerstoff- und Blutfluss in die Beckenregion im Allgemeinen und in den Lingam im Besonderen. Dies bedeutet, dass jemand mit erektiler Dysfunktion wahrscheinlich eine deutliche Verbesserung seiner sexuellen Leistungsfähigkeit nach einer Lingam-Massage feststellen wird.

Es kann einige Zeit dauern, bis die vollen Vorteile der Erfahrung erreicht sind, aber es wird geschehen. Während der Lingam-Massage wird der Masseur eine Pause einlegen, wenn der Mann kurz vor dem Orgasmus zu stehen scheint. Sobald dies abgeklungen ist, wird die Massage fortgesetzt.

Diese Therapie hilft dem Mann, seine sexuellen Impulse zu kontrollieren, sodass sowohl er als auch sein Partner ein intensiveres, befriedigenderes und längeres Erlebnis genießen können, egal ob dies direkt nach der Massage oder zu einem anderen Zeitpunkt geschieht.

Da die Lingam-Massage die Durchblutung des gesamten Körpers und nicht nur des Genitalbereichs anregt, stellen Männer oft fest, dass sie mehr Energie haben und weniger anfällig für Depressionen oder Antriebslosigkeit sind. Dies liegt daran, dass die erhöhte Blutzufuhr zu den Organen, insbesondere zum Gehirn, die Entspannung und das Energieniveau fördert.

Stress wird minimiert, und der Mann entwickelt ein gesteigertes und verbessertes Gefühl des Wohlbefindens und Selbstwerts, das von seinem intimen Leben auf alle Bereiche seines Lebens übergreift.

Wie man eine Lingam-Massage gibt

Die Lingam-Massage besteht nicht einfach nur aus Streicheln und Massieren des Penis. Das wäre lediglich eine „Handarbeit" und widerspricht dem Ziel der tantrischen Lingam-Massage, das darin besteht, die sexuelle Psyche des

Mannes so zu konditionieren, dass der Orgasmus ein angenehmes Nebenprodukt des Liebesspiels und nicht das Hauptziel ist. Es geht darum, ihn einfühlsamer gegenüber seinem Sexualpartner zu machen, indem er versteht, wie seine sexuelle Energie funktioniert und wie er sie kontrollieren und zum beiderseitigem Nutzen kanalisieren kann.

Die Massage umfasst den Penis, die Hoden, das Perineum und den männlichen Heiligen Punkt – die Prostata. Eine Lingam-Massage ist vollständig äußerlich und beinhaltet keine Penetration des Empfängers. Da es sich jedoch um eine wirklich intime und zutiefst persönliche Massage handelt, muss absolutes Vertrauen zwischen Ihnen beiden bestehen.

Vorbereitung und Respekt

Tantra lehrt Respekt und Liebe für den eigenen Körper und den des Partners. Bevor Sie mit einer Lingam-Massage beginnen, stellen Sie sicher, dass Sie die Erlaubnis Ihres Partners haben. Zeigen Sie Respekt, indem Sie ihn förmlich fragen, ob Sie den Lingam berühren dürfen, selbst wenn Sie schon lange ein Paar sind. Im Tantra ist Ritual wichtig, und das Fragen um Erlaubnis, die intimsten Bereiche des Körpers Ihres Partners zu berühren, ist ein Ritual, das nicht ausgelassen werden sollte. Es hilft Ihrem Partner, sich zu entspannen und seinen Körper in dem Wissen hinzugeben, dass Sie ihn respektieren.

Auch Sie selbst sollten entspannt sein. Üben Sie vor Beginn der Massage einige tiefe Atemzüge und ermutigen Sie Ihren Partner, mitzumachen. Ihr Partner sollte bequem auf dem Rücken liegen, mit gebeugten Knien und gespreizten Beinen, um Ihnen uneingeschränkten Zugang zum Lingam und den umliegenden Bereichen zu ermöglichen. Verwenden Sie Kissen und gerollte Handtücher, um ihn bequem zu lagern, und ermöglichen Sie ihm, Sie während der Massage zu sehen.

Die Massage beginnen

Wenn Sie beide bereit sind, entspannen Sie Ihren Partner weiter, indem Sie sanft seine Oberschenkel, Brust und seinen Bauch massieren, bevor Sie sich auf den Lingam konzentrieren. Verwenden Sie etwas Öl auf dem Schaft des Lingam und den Hoden und beginnen Sie mit einer sanften Massage um die Hoden. Denken Sie daran, dass dieser Bereich sehr empfindlich ist – wenden Sie keinen übermäßigen Druck an.

Massieren Sie den Bereich um die Hoden und das Schambein sanft und bewegen Sie sich zum Perineum, der kleinen Hautnaht zwischen Hoden und Anus. Schließlich konzentrieren Sie sich auf den Lingam selbst. Drücken Sie sanft mit Ihrer rechten Hand und gleiten Sie entlang des Lingam. Wechseln Sie dann zur linken Hand und fahren Sie abwechselnd fort. Variieren Sie das Tempo, um Ihren Partner nicht zu früh zur Ejakulation zu bringen, da dies nicht das Ziel der Massage ist.

Arbeiten mit dem Heiligen Punkt

Der Heilige Punkt ist eine kleine Erhebung etwa in der Mitte zwischen den Hoden und dem Anus. Üben Sie dort sanften Druck aus. Ihr Partner könnte intensive Empfindungen verspüren, die anfangs ungewohnt oder unangenehm sein könnten. Falls dies der Fall ist, versuchen Sie es bei der nächsten Massage erneut. Mit der Zeit wird Ihr Partner die Empfindungen genießen und lernen, seine Ejakulation besser zu kontrollieren, was beiden mehr und längere Freude bereitet.

Entspannung nach der Massage

Die Lingam-Massage kann sehr intensive körperliche und emotionale Gefühle hervorrufen. Nach der Massage sollte Ihr Partner mindestens fünf bis zehn Minuten ruhen. Decken Sie ihn locker mit einem Handtuch oder Laken zu, damit er nicht friert. Der Lingam enthält mehr Nervenenden als jeder andere Körperteil, und Sie haben gerade viele davon stimuliert. Ihr Partner benötigt Zeit, um diese intensiven Empfindungen zu verarbeiten.

Direkte Massage des Heiligen Punktes

Während eine Lingam-Massage rein äußerlich ist, genießen manche Männer die intensivere und intimere Erfahrung einer inneren Massage des Heiligen Punktes. Dabei muss der Finger des Massierenden in den Anus eindringen, was den

Mann auf die intimste Weise exponiert. Daher ist großes Vertrauen zwischen den Massagepartnern erforderlich, damit diese Erfahrung angenehm wird.

Im Tantra steht der Heilige Punkt – die Prostata – im Zentrum der männlichen Sinnlichkeit. Die Stimulation dieses Bereichs löst emotionalen und physischen Stress und führt zu einem gesteigerten Wohlbefinden und Glücksgefühl.

Vertrauen und Harmonie

Es liegt in der Natur des Mannes, die Kontrolle zu behalten, besonders in intimen Situationen. Diese Kontrolle an den Partner abzugeben, ist ein großes Kompliment und ein Zeichen für die Harmonie zwischen beiden. Der Massierende wird sich geehrt fühlen, solches Vertrauen entgegengebracht zu bekommen. Diese Erfahrung kann für beide befreiend und angenehm sein.

In einigen Kulturen gilt alles, was den Analbereich betrifft, als Tabu. Im Tantra wird die Prostatamassage jedoch als eine der großzügigsten und gesündesten Dinge angesehen, die man für seinen Partner tun kann.

Vorbereitung und Vorsichtsmaßnahmen

Für diese Massage ist es wichtig, gut vorbereitet zu sein und die richtigen Hilfsmittel zu haben, um Verletzungen oder Traumata zu vermeiden und die Erfahrung angenehm und entspannend zu gestalten. Eng anliegende Latexhandschuhe sind ein Muss, ebenso ein gutes wasserbasiertes Gleitmittel. Handschuhe schützen den Anus vor Kratzern durch Fingernägel, und gut geschmierter Latex gleitet leichter über die Haut.

Der Ablauf der Massage

Tantrische Massagen sollten nie überstürzt werden, und dies gilt besonders für die Analmassage. Entspannen Sie Ihren Partner durch sanfte Massagen des Bauchbereichs und des Lingam und halten Sie Blickkontakt. Der Empfänger sollte entspannt und erregt sein, um einen freien Zugang zum Anus zu ermöglichen.

Tragen Sie das Gleitmittel vorsichtig auf den gesamten Analbereich auf, nicht nur auf den Eingang. Während Ihr Partner erregter wird, entspannen sich die Schließmuskeln, und Ihr Finger wird auf natürliche Weise angezogen. Es ist wichtig, niemals mit Gewalt einzudringen. Lassen Sie Ihren Finger vom Körper Ihres Partners einziehen, indem Sie mit ihm zusammenarbeiten.

Sobald der Finger eingeführt ist, lassen Sie den Enddarm sich daran gewöhnen, bevor Sie Bewegungen ausführen. Entfernen Sie den Finger nur, um mehr Gleitmittel aufzutragen.

Leichte Bewegungen nach innen und außen, ohne den Finger vollständig zu entfernen, können die Nerven im Rektum stimulieren.

Wenn der Empfänger sich wohlfühlt, können Sie die Prostata lokalisieren, die sich etwa fünf Zentimeter im Rektum befindet, und sie sanft stimulieren.

Ejakulation und Stimulation

Im Gegensatz zur Lingam-Massage führt die Massage des Heiligen Punktes meist zur Ejakulation. Wie dies geschieht, hängt ganz von Ihnen und Ihrem Partner ab. Sie können die Prostata mit einer Hand stimulieren und mit der anderen den Lingam massieren. Manche Männer ziehen es vor, dass alle Stimulationen ausschließlich auf die Prostata konzentriert werden, sodass die Flüssigkeit langsam und natürlich ohne Berührung des Lingam freigesetzt wird.

Positionierung und Abschluss

Die Positionierung ist ebenfalls eine Frage der Vorlieben. Von Angesicht zu Angesicht ermöglicht Blickkontakt, der das Vergnügen steigert. In der Vierfüßlerposition hat der Massierende jedoch eine bessere Sicht auf den Anus und die Genitalien.

Nach einer Lingam- und/oder Heiligen-Punkt-Massage sollten beide Partner entspannt und glücklich sein.

Diese Erfahrung schafft eine tiefere Intimität und ermöglicht es, körperlichen und mentalen Stress abzubauen.

Wenn Sie mit der tiefen Ebene der Intimität und Verbindung einverstanden sind, die diese Massage erfordert, sollte sie ein regelmäßiger Teil Ihres tantrischen Massage-Rituals werden. Genießen Sie die physische und emotionale Tiefe dieser Erfahrung. Und denken Sie daran: Die Yoni-Massage ist für einen anderen Tag – beide Massagen in derselben Sitzung durchzuführen, würde die Erfahrung schmälern.

Kapitel 6: Die Yoni-Massage

Das Sanskrit-Wort Yoni – was Heiliger Punkt oder Heiliger Tempel bedeutet – ist der tantrische Begriff für die weibliche Vagina. In der westlichen Kultur kann dies oft Gegenstand roher Witze und Respektlosigkeit sein, aber im Tantra werden die Yoni und die Frau, zu der sie gehört, stets mit Liebe und Respekt behandelt. Oft ist dies eine der schwierigsten Vorstellungen für Männer, die neu in der tantrischen Massage sind, und solange sie dieses Konzept nicht vollständig verinnerlicht haben, ist jeder Versuch, eine Yoni-Massage durchzuführen, zum Scheitern verurteilt.

Die Yoni-Massage kann Frauen dabei helfen, ein besseres Körperbewusstsein zu entwickeln, und den Massierenden dabei unterstützen, mehr über ihre Sexualität und die Ursachen für ihre Erregung zu verstehen. Die Yoni-Massage ist so kraftvoll und befreiend, dass Sexualtherapeuten und andere Fachleute sie oft als Methode empfehlen, um Frauen dabei zu helfen, tiefsitzende sexuelle Traumata zu überwinden, Hemmungen abzulegen und ein erfülltes Sexualleben zu genießen – selbst nach vielen Jahren unbefriedigender oder gar keiner sexuellen Erfahrungen.

Wie man eine Yoni-Massage gibt

Wie bei der Lingam-Massage oder jeder anderen tantrischen Massage müssen beide Partner entspannt sein, bevor die Massage beginnt. Richtiges Atmen ist während einer Yoni-Massage entscheidend. Beide Partner sollten sich vor Beginn Zeit für tiefes Atmen und Entspannung nehmen.

Die Frau sollte auf dem Rücken liegen, die Knie angewinkelt und Kissen unter Kopf und Hüfte platziert, damit sie und ihr Partner einen guten Blick aufeinander und die Yoni haben. Entspannen Sie Ihre Partnerin, indem Sie sanft den Rest ihres Körpers massieren und dabei Blickkontakt halten. Halten Sie Gespräche auf ein Minimum, um die Erfahrung ohne Ablenkung zu genießen. Fragen Sie gelegentlich – aber nicht zu oft – wie es sich anfühlt, damit sie Ihnen Rückmeldungen zu Druck und Geschwindigkeit geben kann. Konzentrieren Sie sich darauf, Ihrer Partnerin mit Ihren Händen Freude zu bereiten und sie dabei zu beobachten, wie sie sich den Empfindungen hingibt.

Wie bei der Lingam-Massage sollten Sie um Erlaubnis bitten, bevor Sie den Yoni-Bereich berühren. Denken Sie daran, dass die Yoni ihr heiliger Ort ist, der stets mit Respekt behandelt werden sollte. Bitten Sie um Erlaubnis, auch wenn Sie schon lange ein Liebespaar sind. Die Yoni-Massage sollte sie wie eine Göttin fühlen lassen, die mit ihrer Sinnlichkeit und ihrem Körper im Einklang ist, statt wie ein Objekt sexuellen Verlangens.

Die Massage beginnen

Wenn Sie beide bereit sind, beginnen Sie die Yoni-Massage, indem Sie etwas Öl auf den Venushügel gießen und es entlang der Schamlippen und über die Klitoris fließen lassen. Halten Sie die äußeren Schamlippen sanft zwischen Daumen und Zeigefinger und massieren Sie sie entlang ihrer Länge. Wiederholen Sie dies mit den inneren Schamlippen, und nehmen Sie sich Zeit, auch wenn Ihre Partnerin Sie zu mehr auffordert. Der Orgasmus ist nicht das Ziel, auch wenn er ein angenehmer Nebeneffekt der Massage sein kann.

Fokus auf die Klitoris und das G-Punkt-Massieren

Wenn Sie die Klitoris erreichen, denken Sie daran, dass es um Entspannung geht, nicht darum, einen Orgasmus herbeizuführen. Die Klitoris enthält 6.000 bis 8.000 Nervenenden und dient ausschließlich der Lust.Streichen Sie sanft mit den Fingern um die Klitoris und massieren Sie sie . Führen Sie einen Finger in die Vagina ein und bewegen Sie ihn vorsichtig. Erkunden Sie jede Richtung, um die Yoni wirklich kennenzulernen und Ihrer Partnerin zu helfen, sich zu entspannen.

Wenn Sie beide bereit sind, massieren Sie den G-Punkt, indem Sie den Finger nach oben Richtung Schambein krümmen. Verwenden Sie den Mittelfinger, da dessen Länge beim Finden des G-Punktes hilfreich ist. Falls sie es angenehm findet, können Sie auch den Ringfinger einführen und die Klitoris weiterhin mit dem Daumen massieren.

Anal-Massage und emotionale Reaktionen

Wenn Ihre Partnerin einverstanden ist, können Sie einen Finger in den Anus einführen. Tantra glaubt, dass durch sanfte Massage des Analbereichs negative Emotionen gelöst werden können. Achten Sie stets darauf, dass sie keine Schmerzen hat, und hören Sie sofort auf, wenn sie Schmerzen signalisiert.

Yoni-Massagen können intensive emotionale Reaktionen hervorrufen, darunter Weinen oder Schreien. Das ist nichts Negatives, aber seien Sie achtsam und respektvoll. Wenn die Emotionen zu überwältigend werden, legen Sie eine Pause ein, es sei denn, Ihre Partnerin bittet Sie ausdrücklich, weiterzumachen.

Nach der Massage

Nach der Massage sollte Ihre Partnerin Zeit zum Ausruhen haben und warm zugedeckt werden. Sie könnte sich wünschen, dass Sie sie halten und kuscheln, während sie von dem Erlebnis herunterkommt. Bewegen Sie sich respektvoll und behutsam von ihr weg.

Falls Ihre Partnerin die Yoni-Massage genießt, könnte sie auch eine Variation mögen, bei der sie auf dem Bauch liegt. Diese Massage ist ebenfalls sinnlich und beinhaltet Kontakt mit dem Genitalbereich, eignet sich aber auch für Frauen, die noch nicht bereit für eine vollständige Yoni-Massage sind.

Rückenmassage für Frauen

Während es gut ist, während einer tantrischen Massage Blickkontakt zu halten, sind sich viele Praktizierende einig, dass eine Massage mit der Frau, die auf dem Bauch liegt, eine sehr sinnliche und lohnende Erfahrung sein kann. Das liegt daran, dass weibliche Tiere darauf ausgelegt sind, von hinten penetriert zu werden, und in dieser Position mehr Empfindungen um die Schamlippen und die Innenseiten der Oberschenkel erleben. Die Missionarsstellung, die so beliebt ist, ist eine Erfindung des Menschen, nicht der Natur.

Alle üblichen Richtlinien gelten – stellen Sie sicher, dass Sie beide entspannt und bequem sind, schaffen Sie die richtige Stimmung mit Musik und Kerzen und verwenden Sie reichlich Öl mit einem angenehmen Duft. Denken Sie daran, das Bett mit Handtüchern zu schützen, und üben Sie tiefes Atmen, bevor Sie mit der Massage beginnen.

Da dies eine sinnliche und therapeutische Massage ist, die Rücken, Schultern und Nacken umfasst, wird Ihre Partnerin entspannt und sexuell erregt sein. Bei dieser Massage können

Sie sie zum Orgasmus bringen oder sogar mehrere Orgasmen ermöglichen. Die Techniken sind etwas anders, und das Tempo der Massage wird sich wahrscheinlich erhöhen, wenn ihre Erregung zunimmt. Lassen Sie sich von Ihrer Partnerin leiten – lesen Sie ihren Körper und achten Sie auf die Signale, die sie Ihnen gibt.

Die sinnliche Massage von hinten konzentriert sich auf das Gesäß, die Oberschenkel und den Genitalbereich und baut Spannung auf. Zu Beginn wird das Gesäß in kreisenden Bewegungen massiert, bevor lange Streichbewegungen vom Gesäß bis zu den Oberschenkeln ausgeführt werden. Arbeiten Sie sich dabei allmählich zu den Innenseiten der Oberschenkel vor, sodass Ihre Streichbewegungen schließlich fast die Schamlippen berühren, während Ihre Hand entlang der Oberschenkel streicht.

Bevor Sie sich dem Genitalbereich widmen, streichen Sie leicht mit der Hand von der „Rosenknospe" – dem tantrischen Begriff für den Anus – zu den äußeren Schamlippen und zurück, ohne dabei den Anus oder die Vagina zu penetrieren. Lassen Sie Ihre Hand gleiten, ohne Druck auszuüben. Denken Sie daran, dass dieser Bereich besonders empfindlich auf Berührung reagiert, wenn er von hinten angesprochen wird.

Jetzt können Sie die Massage auf den Genitalbereich ausweiten. Spreizen Sie die Beine Ihrer Partnerin leicht, aber nicht zu weit, und greifen Sie sanft die äußeren Schamlippen. Massieren Sie sie, indem Sie sie sanft ziehen und in Ihren Händen rollen. Zu diesem Zeitpunkt sollte Ihre Partnerin ziemlich erregt sein und möglicherweise instinktiv ihr Gesäß anheben, um den Bereich leichter zugänglich zu machen.

Nun können Sie sanft die Klitoris massieren, indem Sie ein oder zwei Finger Ihrer rechten Hand verwenden. Beobachten Sie die Vaginalöffnung – Sie werden sehen, dass sie feucht ist und sich während der Arbeit an der Klitoris weiter zu öffnen scheint. Jetzt können Sie einen oder mehrere Finger in die Vagina einführen und die inneren Wände streicheln. Verstärken Sie die Empfindungen, indem Sie von der Klitoris durch die Vagina bis zum Anus streichen, und wenn Ihre Partnerin es möchte, sanft den Anus penetrieren und Ihren Finger darin bewegen. Verwenden Sie Latexhandschuhe für zusätzlichen Komfort sowie ein wasserbasiertes Gleitmittel, damit Ihre Hand leicht über die Haut gleitet und das Eindringen erleichtert. Wenn sie sehr erregt ist – was zu diesem Zeitpunkt der Fall sein sollte – werden Sie feststellen, dass sie Ihren Finger fast natürlich in den Anus „zieht“.

Diese Art der sinnlichen Massage, durchgeführt mit Liebe und Respekt für Ihre Partnerin, sollte ihr helfen, sich vollkommen zu entspannen und mehrere intensive Orgasmen zu erleben. Lassen Sie ihr anschließend mindestens 10 Minuten Zeit, um sich auszuruhen und von der Intensität der

Erfahrung zu erholen. Auch Sie sollten am Ende der Massage entspannt und glücklich sein.

Kapitel 7: Gegenseitige Sinnliche Massage

Bis jetzt wurden Massagen besprochen und beschrieben, bei denen ein Partner der Gebende und der andere der Empfangende war, wobei die Bemühungen des Gebenden allein auf das Vergnügen des Empfangenden ausgerichtet waren. Es ist jedoch möglich, eine gegenseitige, sinnliche Massage durchzuführen, bei der beide Partner sowohl Freude geben als auch empfangen.

Dies ist nicht einfach ein anderer Name für gegenseitige Masturbation, denn wie bei einer normalen tantrischen Massage wird die Szene mit Musik, Kerzen, einem Raum in der richtigen Temperatur und angenehm duftenden Massageölen vorbereitet. Sie benötigen außerdem Latexhandschuhe und Gleitmittel, falls Sie anale Aktivitäten in die Massage einbeziehen möchten. All diese Dinge sollten in Reichweite sein, damit Sie den Prozess nicht unterbrechen oder Ihre bequeme Position verlassen müssen, um an die benötigten Gegenstände zu gelangen.

Vor Beginn der Massage müssen Sie durch Atemübungen für gegenseitige Entspannung und Verbindung sorgen. Zunächst streicheln und massieren Sie sich gegenseitig, ohne sofort zu den Genitalien überzugehen. Wie bereits erwähnt, handelt es sich hierbei nicht um gegenseitige Masturbation, sondern um eine gegenseitige, sinnliche Massage, und es gibt viele Unterschiede zwischen den beiden. Eine sinnliche Massage steigert die Vorfreude und das Verlangen allmählich über einen Zeitraum von mindestens 15 Minuten oder länger.

Wenn Sie sich ausreichend erregt fühlen, gehen Sie zum Genitalbereich über und führen Sie eine Lingam- oder Yoni-Massage bei Ihrem Partner durch. Ihre Massageposition sollte so sein, dass Sie dies ohne Unannehmlichkeiten oder Unbequemlichkeit tun können. Sie können den Aufwärmteil überspringen, da Sie diesen bereits durchgeführt haben, aber Sie müssen den Blickkontakt aufrechterhalten, um das Gefühl von Intimität zu vertiefen und das Verlangen sowie die Vorfreude zu steigern.

Fahren Sie mit der Lingam- oder Yoni-Massage fort. Wenn Ihr Partner vom gleichen Geschlecht ist, führen Sie jeweils die entsprechende Massage aus. Die Techniken für jede Massage wurden in Kapitel 6 und 7 ausführlich beschrieben. Sie möchten diese vielleicht noch einmal durchgehen, um Ihr Gedächtnis aufzufrischen.

Entscheiden Sie vor Beginn, ob der männliche Partner mehrere Orgasmen haben oder nur einen erleben wird. Dies ist keine Überlegung für die Frau, da sie jederzeit mehrere Orgasmen erleben kann. Der Mann muss sich jedoch darauf trainieren, und seine Partnerin kann ihm dabei helfen, dies teilweise zu kontrollieren, indem sie den Lingam loslässt, wenn er sich dem Höhepunkt nähert, und ihn dazu ermutigt, Atemübungen durchzuführen, bis das Gefühl nachlässt.

Es gibt mehrere Atemübungen im Tantra, die für alle Situationen verwendet werden können, die während Ihrer Massage auftreten könnten. Es gibt Atemübungen, die Ihre Gesundheit fördern, indem sie die Durchblutung anregen und Ihren Organen und Geweben mehr Blut und Sauerstoff zuführen. Es gibt auch Atemübungen, um das Verlangen zu steigern, falls Sie Probleme haben, auf die Berührungen Ihres Partners zu reagieren – was durchaus vorkommen kann! Schließlich gibt es Atemübungen, um sich „abzukühlen" und vom Punkt des Orgasmus zurückzukehren, damit Sie sich ausruhen, erholen und dann neu beginnen können. Mindestens eine dieser Atemübungen wird Ihnen helfen, jeden Schock oder sogar jede Verlegenheit zu überwinden.

Wenn Sie völlig im Moment sind und erregt sind, können Sie, wenn Sie möchten, die Empfindungen intensivieren, indem Sie eine gegenseitige Massage Ihrer beiden Ani durchführen und gleichzeitig die Lingam- und Yoni-Massagen fortsetzen.

Ziehen Sie Ihre Handschuhe an, schmieren Sie entweder den Zeigefinger oder den Mittelfinger mit viel wasserbasiertem Gleitmittel ein und verwenden Sie dann mehr Gleitmittel auf der Öffnung des Anus. Reizen Sie mit Ihrem Finger, und wenn Ihr Partner ausreichend erregt ist, werden Sie feststellen, dass sich sein Anus fast wie eine Blume öffnet, um Ihren sanft tastenden Finger aufzunehmen. Tatsächlich wird der Anus im Tantra als Rosenknospe bezeichnet!

Lassen Sie Ihren Finger zunächst einfach die Öffnung des Anus erkunden, ohne ihn hinein- und herauszubewegen. Bewegen Sie ihn sanft um die Wände des Rektums herum, damit sich Ihr Partner an die Empfindungen gewöhnen kann. Sobald Sie beide sich wohlfühlen, setzen Sie die Genitalmassage fort und genießen Sie die verstärkten Gefühle, die die gegenseitige Stimulation von Anus und Genitalien mit sich bringen kann. Ein großer Vorteil ist, dass jeder von Ihnen die analen Kontraktionen des anderen spüren kann, während Ihre Finger ihre Magie wirken, und das kann für Sie beide sehr erregend sein.

Da sich Tausende von Nervenenden im Anus befinden, kann die Stimulation die orgasmische Erfahrung verstärken und intensivieren und den Körper auf vielfältige Weise für Lust öffnen.

Obwohl nicht jeder mit interner Analmassage einverstanden ist, kann es eine äußerst befriedigende und befreiende Erfahrung sein, insbesondere zwischen Liebenden, die mit den Körpern des anderen vertraut sind.

Das vollständige Öffnen des Anus, um Freude zu empfangen und negative Energie freizusetzen, wird im Tantra als „Das Erwachen der Wurzel" bezeichnet. Um dies richtig und sicher durchzuführen und die Ejakulation so zu kontrollieren, dass Männer mehrere Orgasmen erleben können, ist es notwendig, den Bereich mit geeigneten Übungen vorzubereiten. Das nächste Kapitel befasst sich mit den Arten von Übungen, die durchgeführt werden können, um die tantrische Massageerfahrung für Männer und Frauen zu verbessern.

Kapitel 8: Übungen zur Steigerung des Vergnügens während der tantrischen Massage und des Sex

Das Befolgen der Lehren des Tantra geht über großartige sinnliche Erfahrungen durch Massage und tantrischen Sex hinaus, auch wenn dies natürlich ein großer Vorteil ist. Es geht auch darum, eine tiefere Intimität mit Ihrem Partner zu entwickeln, Ihren eigenen Körper und den Ihres Partners besser kennenzulernen und Wege zu erforschen, um Ihre gemeinsamen tantrischen Erfahrungen noch angenehmer zu gestalten.

Die tantrische Lehre betrachtet den Körper als einen Tempel, der Respekt und Ehrfurcht verdient, und tantrische Massage kann helfen, körperlichen und emotionalen Stress abzubauen und intensive Freude zu bereiten. Es gibt auch den Glauben, dass Männer häufiger stärkere Orgasmen genießen können, wenn sie die Ejakulation kontrollieren. Einige tantrische Praktizierende glauben zudem, dass das

Ejakulieren bei jedem Orgasmus ungesund ist, da es den Körper schwächt. Dies ist eine alte Lehre, die heutzutage von einigen tantrischen Experten infrage gestellt wird, aber viele Menschen glauben weiterhin daran.

Ob Sie dieser Theorie zustimmen oder nicht, die Kontrolle über die Ejakulation ermöglicht es dem Mann, ähnlich wie seine Partnerin, multiple Orgasmen zu erleben, und mit der Zeit und Übung können diese synchronisiert werden, um ein intensiveres Erlebnis zu schaffen. Diese Kontrolle kann leichter erreicht werden, indem man lernt, wie der eigene Körper funktioniert, und die Anzeichen erkennt, dass eine Ejakulation bevorsteht, man sich jedoch noch nicht am Punkt ohne Wiederkehr befindet. Ein weiterer Vorteil der kontrollierten Ejakulation ist, dass sie helfen kann, frustrierende sexuelle Probleme wie Erektionsstörungen und vorzeitige Ejakulation zu überwinden.

Um Ihren Körper für neue und intensivere sinnliche Erfahrungen zu öffnen, die Kontrolle über den Lingam zu erlangen, die Ejakulation zu kontrollieren und multiple Orgasmen zu erleben, müssen Sie wissen, welche Muskeln bei diesen Aktivitäten beteiligt sind, und sicherstellen, dass sie ordnungsgemäß funktionieren. Dazu müssen Sie diese Muskeln trainieren und stärken, so wie Sie jeden anderen Muskel in Ihrem Körper trainieren würden. Das Training dieser Muskeln bringt Sie nicht ins Schwitzen – zumindest nicht, während Sie die Übungen ausführen!

Die bei diesen Prozessen beteiligten Muskeln sind hauptsächlich die Beckenbodenmuskeln, die Muskeln des Analsphinkters und einige Muskeln im unteren Bauchbereich. Die meisten davon befinden sich im Bereich des Damms. Erinnern Sie sich: Das ist der kleine, empfindliche Bereich zwischen dem Anus und der Vagina bei Frauen bzw. zwischen dem Anus und den Hoden bei Männern. Wenn Sie sicherstellen, dass die Muskeln in diesem Bereich trainiert und gut durchblutet sind, können Sie intensivere und stärkere Orgasmen erleben , und Sie werden mehr im Einklang mit Ihrem Körper und seinen Funktionen sein.

Spannung kann sich im Analbereich ansammeln, was alle Aspekte Ihres Lebens tiefgreifend beeinflussen kann, Stress und negative Gefühle verursacht sowie den vollen und offenen Ausdruck sinnlicher Freude hemmt. Menschen, die Wurzeltraining praktizieren und ein Erwachen der Wurzel erlebt haben, fühlen sich in der Regel glücklicher, gesünder und spirituell sowie sinnlich mehr mit ihrem eigenen Körper und dem Körper ihres Partners in Einklang.

Das Training der Muskeln im Dammbereich wird allgemein als „Kegels" bezeichnet, nach Arnold Kegel, der diese Idee in den 1940er-Jahren entwickelte.

Grundsätzlich isolieren Kegel-Übungen die verschiedenen Muskeln, und die Person, die sie ausführt, zieht die Muskeln willkürlich zusammen und entspannt sie wieder. Dies stärkt die Muskeln im Laufe der Zeit, hilft Männern, Erektionsstörungen und vorzeitige Ejakulation zu überwinden, und ermöglicht es Frauen, die Beckenbodenmuskeln zu straffen und zu stärken, was die Geburt erleichtert und vaginalen Sex angenehmer macht. Beide Geschlechter können Kegel-Übungen nutzen, um Probleme mit Harninkontinenz zu behandeln.

Das Training des PC-Muskels (Pubococcygeus-Muskels)

Bevor Sie diese Übungen durchführen, müssen Sie die verschiedenen Muskeln isolieren und identifizieren. Der Bulbospongiosus- oder Bulbocavernosus-Muskel (BC-Muskel) ist an der Beendigung des Urinflusses bei beiden Geschlechtern beteiligt. Bei Männern spielt er auch eine Rolle bei der Erektion und Ejakulation, während er bei Frauen während der klitoralen Stimulation aktiv dabei hilft, die Vagina zu schließen. Der Muskel befindet sich bei Männern an der Basis des Lingams und umgibt bei Frauen die Klitoris.

Es gibt zwei Möglichkeiten, diesen Muskel zu stärken. Die erste Methode besteht darin, den Muskel physisch zu kontrahieren, um den Urinfluss zu stoppen, wodurch er früher aktiviert wird, als es natürlich der Fall wäre. Halten Sie die Kontraktion etwa fünf Sekunden lang und lassen Sie dann los. Wenn Sie die Übung richtig ausführen, stoppt der Urinfluss vollständig. Führen Sie diese Übung etwa 20 Mal am Tag aus, um die besten Ergebnisse zu erzielen. Auf YouTube und auf renommierten medizinischen Websites gibt es Videos, die Ihnen helfen können, die Technik korrekt auszuführen, falls Sie unsicher sein sollten.

Eine weitere Übung zur Aktivierung der Wurzel besteht darin, den BC-Muskel zu lokalisieren, indem Sie bei Frauen einen Finger in die Vagina und bei Männern in den Anus einführen. Kontrahieren Sie nun die Muskeln, bis Sie spüren, wie sich die Vagina oder der Anus um Ihren Finger zusammenzieht. Halten Sie die Kontraktion für ein paar Sekunden und lassen Sie dann los. Diese Übung wird als Wurzelpumpe bezeichnet. Zu Beginn ziehen Sie die Muskeln drei Sekunden lang zusammen und entspannen sie dann für weitere drei Sekunden. Wiederholen Sie dies 10 Mal. Arbeiten Sie sich allmählich zu 10 Wiederholungen mit einer Halte- und Entspannungszeit von jeweils fünf Sekunden hoch.

Für fortgeschrittene BC-Übungen, die Ihnen noch intensivere Empfindungen ermöglichen, können Sie 20 oder mehr schnelle „Kontraktions- und Entspannungs"-Zyklen durchführen oder eine Kontraktion 20 Sekunden oder länger halten, bevor Sie sie für weitere 20 Sekunden lösen. Um sicherzustellen, dass die Entspannung vollständig ist – insbesondere nach einer längeren Kontraktion – kann es hilfreich sein, sich vorzustellen, dass Ihr Beckenboden ein Aufzug ist, während Sie die BC-Muskeln entspannen. Während Sie kontrahieren, ziehen Sie den Aufzug nach oben, und während Sie loslassen, bringen Sie ihn wieder zurück ins Erdgeschoss, so weit wie möglich. Ja, es klingt spielerisch, aber es funktioniert!

Wie bei allen anderen Muskeln benötigen auch die Perinealmuskeln für ein effektives Training eine regelmäßige Sauerstoffzufuhr. Stellen Sie dies sicher, indem Sie während der Übungen ein gleichmäßiges Atemmuster beibehalten.

Sobald Sie den BC-Muskel vollständig lokalisiert haben und die Übung korrekt ausführen, brauchen Sie Ihren Finger nicht mehr zu benutzen. Theoretisch könnten Sie diese Übungen jederzeit und überall durchführen. Es ist jedoch besser, sie in einer entspannten Umgebung auszuführen, in der Sie sich auf Ihre Atmung konzentrieren und ruhige, friedliche Gedanken genießen können.

Training des PC-Muskels

Ein weiterer wichtiger Muskel im Beckenboden ist der Pubococcygeus-Muskel (PC-Muskel). Dieser ist besser bekannt als der Beckenboden und bildet eine hammockartige Struktur, die bis zum Steißbein reicht und alles an seinem Platz hält. Der PC-Muskel steuert den Urinfluss und zieht sich auch während des Orgasmus zusammen. Außerdem spielt er eine wichtige Rolle bei der Geburt.

Männer können den PC-Muskel gleichzeitig mit dem BC-Muskel trainieren und dies auf dieselbe Weise tun. Wenn die Kontraktionen über einen Zeitraum von etwa vier Wochen schrittweise verlängert werden, hilft dies, Erektionen länger aufrechtzuerhalten. Richtig durchgeführte Kegel-Übungen sorgen dafür, dass, sobald der Penis mit Blut gefüllt und erigiert ist, die Vene stark genug bleibt, um geschlossen zu bleiben und die Blutversorgung zu halten, anstatt sich zu öffnen und die Erektion vor dem Orgasmus abklingen zu lassen.

Verwenden Sie ein Jade-Ei

Frauen können das Training der PC-Muskeln mit einem Jade-Ei erleichtern, das in die Vagina eingeführt wird. Jade-Eier – wie der Name schon sagt, aus Jadestein gefertigt – wurden von chinesischen Frauen seit Jahrhunderten verwendet, um die Vaginalmuskeln zu stärken und zu straffen. Es heißt, dass einst nur die Königin und die Konkubinen der alten chinesischen Könige sie verwendeten, um ihre Kaiser zu erfreuen.

Der gebräuchliche Begriff für diese Art von Übung ist „vaginales Gewichtheben", weil die Frau das Ei – das Gewicht – mit der Kraft ihrer Muskeln in die Vagina zieht. Die Vagina ist nicht dazu geschaffen, etwas hineinzuschieben – sie ist dazu gedacht, Dinge mit Muskelkraft anzuziehen und auszustoßen, wie bei einer Geburt.

Da dies der natürliche Vorgang ist, ist es auch der angenehmste für beide Partner. Wenn die inneren Yoni-Muskeln einer Frau trainiert sind, kann sie diese während des Geschlechtsverkehrs isoliert einsetzen, um den Lingam ihres Partners an der Spitze, an der Basis oder entlang des gesamten Schafts zu massieren. Es ist eine unglaublich sinnliche Erfahrung für beide, und neben der Steigerung des sexuellen Vergnügens erleichtern trainierte PC-Muskeln die Geburt und beugen Harninkontinenz im späteren Leben vor. Vaginales Gewichtheben ist also sowohl gesund als auch sinnlich.

Bevor Sie das Ei verwenden, muss Ihr Körper bereit und empfänglich sein. Streicheln Sie sich – über Ihre Brüste, Ihre Oberschenkel, wo immer es Ihnen angenehm ist. Nehmen Sie dann das Ei und tragen Sie etwas Gleitmittel auf. Normalerweise gibt es ein Loch für die Schnur, oder es ist bereits eine

Schnur eingefädelt, damit Sie es nicht verlieren. Legen Sie sich auf den Rücken, beugen Sie die Beine und führen Sie das Ei sanft in Ihre Yoni ein. Es wird mit dem breiten Ende zuerst eingeführt. Drücken Sie das Ei nicht hinein – lassen Sie Ihre Yoni es anziehen, während sich die Lippen der Labia an ihm festhalten. Diese Technik wird „Schlürfen" genannt.

Atmen Sie gleichmäßig und relativ tief und lassen Sie Ihre Yoni tun, was nötig ist, um das Ei aufzunehmen. Es kann Übung erfordern, bis Sie das Ei instinktiv einziehen können, aber Sie werden wissen, dass Sie diese Übungen richtig machen, wenn das geschieht. Eine weitere Übung besteht darin, sanft an der Schnur zu ziehen, als wollten Sie sie entfernen, und dann die PC-Muskeln zu kontrahieren, um sie an Ort und Stelle zu halten.

Versuchen Sie, die Muskeln mit einer starken Kontraktion zu drücken und zu lösen, um das Ei an Ort und Stelle zu halten. Das gibt Ihnen eine Vorstellung davon, wie weit Sie mit Ihrem Übungsplan fortgeschritten sind. Versuchen Sie dann, die verschiedenen Muskelgruppen zu isolieren und das Empfinden in der Vagina zu steigern. All diese Übungen helfen, Ihren Beckenboden zu straffen und die Muskeln zu stärken, sodass Sie sie nach Belieben kontrahieren können – unabhängig davon, ob etwas in Ihnen ist oder nicht.

Und wenn Ihr Partner zufällig in Ihnen ist, während Sie kontrahieren und loslassen, wird er ein unglaubliches sexuelles Erlebnis haben .

Neben dem Jade-Ei gibt es weitere Objekte auf dem Markt, die Ihrer Vagina ein Training bieten und helfen, die Beckenbodenmuskeln zu stärken. Besuchen Sie in einem Erotikgeschäft in Ihrer Nähe vorbei oder recherchieren Sie online und lesen Sie Rezensionen , um herauszufinden, was am besten für Sie geeignet ist. Ben-Wa-Kugeln erleben dank der 50 Shades of Grey-Bücher ein Comeback. Wie die Eier werden sie in der Vagina gehalten, um die PC-Muskulatur zu trainieren. Sie erhöhen zudem die Empfindlichkeit und führen oft zu einem Orgasmus. Sie können eine oder beide Kugeln während des Geschlechtsverkehrs im Körper behalten. Sowohl Sie als auch Ihr Partner werden intensive Empfindungen durch sie erleben.

Perinealübungen können dazu beitragen, die sinnlichen Erfahrungen während einer tantrischen Massage sowohl bei Männern als auch bei Frauen zu verbessern. Probieren Sie sie aus und finden Sie eine oder mehrere Übungen, die für Sie gut funktionieren. Sie werden sicherlich nicht enttäuscht sein!

Kapitel 9: Entdecken Sie, wie Sie Ihre Rosenknospe lieben lernen

Der Anus wird im Tantra als "Rosenknospe" bezeichnet – ein romantischer Name für einen Körperbereich, der für viele Menschen tabu ist. Die tantrische Analmassage wird aus zwei Gründen durchgeführt. Der erste ist das pure Vergnügen. Der Anus besitzt Tausende von Nervenenden und ist daher ein äußerst empfindlicher Bereich des Körpers. Da sich die Prostata im Analbereich befindet, können Männer bei einer Massage über den „hinteren Weg", sei es extern, intern oder eine Kombination aus beidem, intensive Lust empfinden.

Auch Frauen sind in diesem Bereich empfindlich, auch wenn sie keine Prostata haben. Hier spielen ebenfalls die Nervenenden eine Rolle, denn die Wand zwischen Vagina und Rektum ist sehr dünn. Wenn eine Frau gleichzeitig in beiden Öffnungen stimuliert wird – sei es mit dem Penis, Fingern oder Spielzeugen – kann sie eine besonders tiefgehende und intensive, sinnliche Empfindung erleben.

Der zweite Grund für eine Analmassage ist die emotionale Befreiung. Haben Sie schon einmal den Ausdruck „anale Retention" gehört? Die tantrische Lehre besagt, dass alles, was wir im Leben erfahren, durch den Körper fließt und sich im Bauchbereich ansammelt. Negative Gefühle oder unterdrückte Emotionen können dort verweilen, bis sie losgelassen werden. Für Menschen, die Schwierigkeiten haben, Emotionen auszudrücken, kann eine heilende Analmassage helfen, diese negativen Gefühle loszulassen und neu anzufangen. Es ist fast so, als würde man den Reset-Knopf am Router drücken, wenn das WLAN nicht mehr richtig funktioniert.

Eine heilende Analmassage, ähnlich wie eine Yoni-Massage, kann intensive emotionale Reaktionen hervorrufen. Es könnte Tränen geben – viele davon – und vielleicht sogar Schreie und heftige Bewegungen. Wenn das Ziel der Analmassage Heilung ist, sollten Sie einen erfahrenen tantrischen Masseur aufsuchen, der weiß, wie man mit solchen Reaktionen umgeht . Von Ihrem Partner könnte dies zu viel verlangt sein, egal wie sehr er Sie liebt oder bereit ist, die Massage durchzuführen. Manchmal ist es besser, sich aus dem Vertrauten zu entfernen – zum Wohle aller.

Wenn Ihre Analmassage jedoch ausschließlich dem Vergnügen dient, ist das eine ganz andere Sache. Hier gibt es ein Paradoxon: Eine Analmassage versetzt den Empfänger in einen Zustand der Erregung, der gleichzeitig sehr entspannt ist, sodass keine Eile besteht, einen Höhepunkt oder Orgasmus zu erreichen. Der Empfänger genießt einfach, was geschieht, und der Orgasmus, wenn er eintritt, ist genau das – eine Welle, die durch den Körper strömt, und keine Explosion der Empfindung. Ein Analorgasmus ist etwas Einzigartiges und schwer zu beschreiben, besoders für jemand, der ihn noch nie erlebt hat. Aber sobald Sie ihn erleben, werden Sie ihn immer wieder genießen wollen.

Einige sagen, dass das Beste an einem Analorgasmus darin besteht, dass er sich nicht auf den Genitalbereich konzentriert und daher eine völlig andere Empfindung bietet. Außerdem ist er nicht so intensiv wie ein genitaler Orgasmus, sodass er nahezu unbegrenzt andauern kann. Wenn Ihre Genitalien überempfindlich sind, können Sie dies möglicherweise nicht genießen und verpassen dadurch viel Freude. Ein Analorgasmus ist auch körperlich weniger ermüdend, sodass Sie ihn unabhängig von Alter oder Fitnesslevel erleben können.

Eine Analmassage sollte wie jede andere Massage mit einer allgemeinen Massage beginnen, um den Empfänger zu entspannen. Massieren Sie den Nacken und die Schultern, arbeiten Sie sich den Rücken hinunter und drücken Sie die Muskeln in Richtung Herz, um die Durchblutung zu fördern. Gehen Sie dann zu den Gesäßmuskeln über, kneten Sie das Gewebe, aber konzentrieren Sie sich noch nicht auf den Anus – ein leichtes Streifen der Gegend genügt. Arbeiten Sie sich die

Beine hinunter und wieder hinauf, wobei Sie Ihre Hände nur leicht in Richtung Anus streifen lassen.

Hier geht es darum, Ihren Partner zu entspannen und die Vorfreude zu steigern, da er für eine erfolgreiche Analmassage sowohl entspannt als auch erregt sein muss. Sie müssen das Timing richtig treffen, was mit der Erfahrung kommt.

Wenn Sie sich auf den Anus konzentrieren, kreisen Sie leicht mit den Fingern um die Außenseite. Einige Menschen denken, dass die empfindlichen Hautfalten um die Öffnung wie Blütenblätter aussehen und dass das Reizen dieser Falten dazu führt, dass sich der Anus öffnet. Sobald Sie eindringen , lassen Sie Ihren Finger zunächst ruhen, um sich an die Empfindungen zu gewöhnen. Danach können Sie versuchen, die Prostata zu lokalisieren – etwa 5 cm im inneren des Rektums.

Bei jedem Schritt der Massage sollten Sie sich vergewissern, dass der Empfänger sich wohlfühlt, egal ob Sie die Massage einem Mann oder einer Frau geben. Denken Sie daran, dass die tantrische Lehre dazu aufruft, den Körper zu verehren und so viel Vergnügen wie möglich zu empfangen. Es geht nicht nur um sinnliches Vergnügen, sondern auch um Heilung und das Gleichgewicht des Körpers.

Zusammenfassend ist die Analmassage oder das „Erwecken der Wurzel" eine zutiefst sinnliche und spirituelle Erfahrung, die Stress abbauen, negative Gedanken und Gefühle vertreiben und zutiefst befriedigende Orgasmen ermöglichen kann. Sie erlaubt dem Empfänger, sich mehr mit seinem Körper und seinen Wünschen zu verbinden.

Kapitel 10: Wie tantrische Massage Ihr Sexualleben verbessern kann

Das Besondere an der tantrischen Massage ist, dass sie weit mehr ist als nur eine Massage. Es ist ein ganzheitliches Erlebnis, bei dem Sie Körper und Geist besser kennenlernen. Paare entdecken, dass die Rituale, die mit der tantrischen Massage verbunden sind, sie auf vielerlei Weise näher zueinanderbringen. Die Tantra-Lehre fördert die Wertschätzung des Partners, sodass man ihn in keiner Weise als selbstverständlich betrachtet. Hinzu kommt die klar definierte Rollenverteilung, bei der der Geber alles gibt und der Empfänger sich völlig der Erfahrung hingibt.

Durch diesen Prozess können Paare viel mehr über den Geist und den Körper des anderen erfahren – und das nicht nur in sexueller Hinsicht, obwohl die tantrische Massage definitiv dabei hilft, zu verstehen, was dem Partner Freude bereitet. Sie lehrt auch, weniger egoistisch zu sein und mehr zu geben, indem man sich auf das Vergnügen des Partners konzentriert, anstatt auf das eigene. Diese Haltung des Gebens zeigt oft auch außerhalb des Schlafzimmers Wirkung, sodass Paare durch die Erfahrungen mit der tantrischen Massage glücklicher und eng verbunden sind.

Die tantrische Massage nimmt in vielerlei Hinsicht den Druck weg. Abgesehen davon, dass der Geber alles gibt und der Empfänger sich nur dem Vergnügen hingeben muss, ist die tantrische Massage entspannend und emotional heilend. Viele Menschen berichten, dass sie gleichzeitig Entspannung und Erregung sowie ein überwältigendes Gefühl des Wohlbefindens und der Selbstachtung erleben. Dies liegt an der Wertschätzung, die der Geber zeigt. Es ist fast schon eine spirituelle Empfindung, die mit einer sinnlichen Erfahrung einhergeht.

Das Vergnügen im Tantra ist kein Mittel zum Zweck – es geht nicht darum, einen Orgasmus zu erreichen oder sich beweisen zu müssen. Das Vergnügen ist im Moment verankert, und alles ist darauf ausgerichtet, den Augenblick zu genießen. Das bedeutet, dass beide Partner viel entspannter und stressfreier sind. Die Massage fördert die Durchblutung, was dazu beiträgt, den Blutdruck auf einem gesunden Niveau zu halten, und vermittelt ein allgemeines Wohlbefinden, das das Leben in vielerlei Hinsicht angenehmer macht – nicht nur im sexuellen Bereich.

Durch die Befreiung von Stress und die Konzentration auf den Genuss des Augenblicks können sexuelle Probleme wie vorzeitige Ejakulation und sexuelle Lustlosigkeit oft durch tantrische Massage gelöst werden. Sich auf das Vergnügen des Moments zu konzentrieren, anstatt sich über mögliche Probleme Gedanken zu machen, ist für Männer und Frauen gleichermaßen befreiend und stärkend. Einige Menschen haben den falschen Eindruck, dass tantrischer Sex stundenlang dauert, aber es geht nicht um Ausdauer. Es geht darum, das Vergnügen zu verlängern und auf ein neues Niveau zu heben.

Orgasmen sind nicht das Ziel der tantrischen Massage, aber sie treten oft als Ergebnis auf und sind dann meist intensiver und langanhaltender. Das liegt daran, dass es darum geht, sich dem Verlangen und der Freude hinzugeben und eine tiefere Verbindung zu seinem Körper aufzubauen als je zuvor. Sie werden ein neues Bewusstsein für sich selbst und Ihren Partner entdecken. Da Ihre Atmung im Einklang ist, verschmelzen Ihre Erfahrungen und Empfindungen und schaffen etwas Mächtigeres, als Sie je erlebt haben.

Maithuna-Ritual

Tantrische Therapeuten ermutigen Paare oft dazu, das Maithuna-Ritual auszuprobieren. Es handelt sich um eine heilige Liebessession, bei der beide Partner die Göttin und den Gott im jeweils anderen ehren, bevor sie eine intime Verbindung eingehen. Beginnen Sie mit einem Bad oder einer

Dusche, machen Sie dann etwas Yoga oder meditieren Sie, um den Geist zu klären und den Körper zu entspannen. Anschließend üben Sie das gemeinsame Atmen, bevor Sie mit der Verehrung Ihres Partners beginnen. Versuchen Sie, Ihre Atmung zu synchronisieren, während Sie Ihrem Partner in die Augen schauen, um eine tiefe Verbindung herzustellen.

Traditionell beginnt der Mann mit der Verehrung. Dies könnte bedeuten, dass er ihren nackten Körper mit Tüchern und Stoffen bedeckt und sie mit Öl am ganzen Körper massiert. Es kann Pausen für Meditation geben, oder er kann Mantras singen, um ihr zu sagen, wie schön sie ist und wie sehr er sie liebt. Zu Beginn mag dies ungewohnt sein, aber versuchen Sie es, denn wahre Gefühle werden oft nicht genug ausgesprochen. Danach werden die Rollen vertauscht, und die Frau verehrt den Gott in ihrem Mann. Dies kann so lange dauern, wie Sie möchten – es ist eine Form der Verehrung und sollte nicht überstürzt werden.

Wenn Sie bereit sind, können Sie zur Berührung von Yoni und Lingam übergehen. Orales Spiel sollte ebenfalls ein wesentlicher Bestandteil sein, da es viele Energiepunkte in der Zunge gibt, und deren Verwendung an Ihrem Partner die sexuelle Energie zum Fließen bringt. Versuchen Sie jedoch nicht, Ihren Partner auf diese Weise zum Orgasmus zu bringen. Konzentrieren Sie sich stattdessen darauf, Lust zu geben und zu empfangen. Nehmen Sie sich Zeit und genießen Sie die Empfindungen, die Sie geben und empfangen, und leben Sie im Moment.

Wenn Sie bereit für die Penetration sind, sollte die Frau bestimmen, wie es weitergeht, und das Paar sollte sich dabei immer tief und liebevoll in die Augen schauen. Erinnern Sie sich daran, dass Sie einander als Gott und Göttin verehren und bringen Sie diese Verehrung in Ihre Bewegungen ein, während Sie sich lieben. Lassen Sie den Orgasmus einfach geschehen und bleiben Sie danach verbunden, um die sexuelle Energie so lange wie möglich zwischen Ihnen fließen zu lassen.

Tantrischer Sex ist spiritueller Sex, und tatsächlich sollten die Lehren des Tantra in alles einfließen, was Sie tun, nicht nur in das, was Sie im Schlafzimmer tun. Konzentrieren Sie sich auf das, was Sie tun und genießen, und vergessen Sie, den Orgasmus erzwingen zu wollen. Verbringen Sie Zeit mit dem Genuss, um die sexuelle Energie zwischen Ihnen fließen zu lassen. Vor allem geht es darum, einander Lust zu geben und zu empfangen.

Das Wichtigste ist, dass tantrische Sexualpraktiken fast sofortige Verbesserungen in Ihrem Sexualleben und in jedem anderen Aspekt Ihres Lebens bewirken können, weil Sie sich besser fühlen und Sex aus einer neuen Perspektive betrachten. Die Rituale sind flexibel und können an Ihre eigenen Interessen und Wünsche angepasst werden. Seien Sie darauf vorbereitet, dass tantrischer Sex Ihre gesamte Sichtweise auf Sex und das Leben im Allgemeinen verändern kann. Es kann ein völlig neues Leben in Harmonie und Verständnis mit Ihrem Partner eröffnen und Ihre Beziehung auf allen Ebenen bereichern, indem es größere Intimität schafft.

Zu viele Menschen können sich nicht ungehemmt über ihren Körper freuen, weil sie gelernt haben, dass ihre Intimbereiche privat bleiben sollten und Sex dazu da ist, Kinder zu machen, statt genossen zu werden. Die Lehren des Tantra öffnen Geist und Körper für neue und intensive sinnliche Erfahrungen. Doch die Vorteile der tantrischen Massage gehen über das rein Sexuelle hinaus. Tantrische Massage kann physische und emotionale Heilung bringen, Sie glücklicher und gesünder machen und dabei helfen, jegliche Probleme, die Sie in Bezug auf Sex oder andere Themen haben, zu überwinden. Sobald Sie mehr Selbstvertrauen entwickelt haben, können Sie sich diesen Problemen stellen.

Kapitel 11: Spezielle tantrische Massagen

Die Vorteile der tantrischen Massage wurden hier ausführlich besprochen, und Sie sollten nun genug wissen, um die Göttin oder den Gott in sich selbst zu erwecken, sich auf Ihren Körper einzustimmen, mehr Intimität und Harmonie mit Ihrem Partner zu genießen und ein erneuertes sexuelles Erwachen zu erleben. Neben den grundlegenden Massagen, mit denen Sie jetzt vertraut sind, gibt es auch spezielle Massagen, die Sie ausprobieren können.

Die Schönheit der tantrischen Massage liegt darin, dass Sie die Vorteile sofort spüren können. Mit wachsender Übung und einem besseren Verständnis Ihres Körpers und Ihres Partners können Sie jedoch neue Techniken einführen. Natürlich können Sie auch von erfahrenen tantrischen Therapeuten lernen. Tantrische Massage ist sowohl leicht zugänglich als auch spezialisiert. Vielleicht sind Sie mit den „Einsteiger"-Massagen zufrieden, oder Sie möchten Ihr Wissen und Ihre Erfahrungen erweitern.

Es gibt keinen richtigen oder falschen Weg – alles, was für Sie und Ihren Partner funktioniert, ist in Ordnung. Machen Sie sich also keine Sorgen, wenn Sie nicht alles tun, was Sie lesen oder hören.

Brustmassage

Die tantrische Brustmassage ist sowohl angenehm als auch heilend für eine Frau. Sie macht die Brüste fester und bringt die Hormone im Körper ins Gleichgewicht. Tantra glaubt, dass die Brüste der Sitz der weiblichen Sexualität sind, und bevor eine Frau ihren gesamten Körper für ihren Mann öffnen kann, muss er die Brüste mit einer speziellen Massage verehren. Die Brüste sind empfindliche Bereiche, daher ist es wichtig, ein Gleichgewicht zwischen dem nötigen Druck für therapeutische Zwecke und dem Vermeiden von Verletzungen des empfindlichen Brustgewebes zu finden.

Wie bei allen tantrischen Massagen ist es wichtig, zuerst die Stimmung zu setzen und den Bereich angenehm zu gestalten. Entspannen Sie sich mit Atemübungen, bevor die Massage beginnt. Traditionell beginnt die Massage damit, dass der Mann eine Hand auf das Herz und die andere auf die Yoni legt. Dann visualisiert er, wie seine Liebe und Energie durch seine Hände in seine Frau fließen.

Viel Öl wird benötigt, um den Komfort zu gewährleisten, also bedecken Sie die Brüste vor Beginn mit Öl. Verwenden

Sie eine kreisförmige Bewegung, die vom Bereich zwischen den Brüsten bis zur Achselhöhle führt. Gehen Sie langsam und vorsichtig vor. Dies ist nichts, was man überstürzen sollte. Sobald die Brust mit Öl bedeckt ist, können Sie sie sanft kneten, sie leicht von der Brust abheben und dabei beide Hände benutzen. Sie können auch eine „Seestern"-Bewegung ausprobieren, bei der die Handfläche über die Brust gelegt wird, bevor die Finger zusammengeführt und die Brust dabei sanft gedrückt werden.

Nun zu den Brustwarzen: Legen Sie Ihre Daumen auf beide Seiten der Brustwarze und führen Sie sie zusammen, während Sie die Brustwarze in Richtung Ihres Herzens ziehen. Bewegen Sie die Daumen um die Brustwarze, sodass der gesamte Bereich der Brustwarze und des Warzenhofs massiert wird. Die Druckintensität hängt von der Vorliebe Ihrer Partnerin ab – manche Frauen mögen festen Druck, während andere eine sanftere Berührung bevorzugen.

Wenn die Massage beendet ist, streichen Sie sanft über den gesamten Brustbereich, ausgehend von der Mitte bis zu den Achseln. Entspannen Sie sich gemeinsam nach der Massage, oder geben Sie Ihrer Partnerin Zeit, allein zu entspannen. Diese Massage ist sowohl entspannend als auch angenehm und gilt als körperlich und emotional regenerierend. Sie kann als Vorspiel dienen, mit anderen Massagen kombiniert oder als eigenständige Sitzung durchgeführt werden.

Hodenmassage

Die Hoden sind die empfindlichsten Körperteile eines Mannes, weshalb man möglicherweise etwas nervös ist, sie zu massieren. Eine korrekt ausgeführte tantrische Hodenmassage kann jedoch sehr vorteilhaft für Ihren Mann sein. Sie fördert die Durchblutung in diesem Bereich, kann die Ejakulationsleistung verbessern und sogar die Spermienzahl erhöhen. All das ist eine gute Nachricht für Ihren Mann, und wenn er Ihnen genug vertraut, um eine tantrische Hodenmassage zuzulassen, wird dies ein tieferes Vertrauen und eine intensivere Intimität zwischen Ihnen schaffen.

Wenn die Massage richtig durchgeführt wird, kann sie Ihrem Mann äußerst angenehm sein. Es gibt verschiedene Techniken, die verwendet werden können, aber achten Sie stets darauf, eine leichte und sanfte Berührung zu verwenden. Beobachten Sie das Gesicht Ihres Partners während der Massage und nehmen Sie Hinweise von ihm auf. Sie werden leicht erkennen können, ob er es genießt oder nicht. Falls er Unbehagen zeigt, verringern Sie den Druck. Mit der Zeit werden Sie wissen, was ihm gefällt.

Kreisende Bewegungen sind oft angenehm. Fahren Sie leicht mit den Fingern um die Basis des Schafts und umrunden Sie dabei die Hoden. Alternativ können Sie die Finger von der

Basis der Hoden bis entlang des Penisschafts gleiten lassen. Auch ein sanfter Einsatz der Fingernägel kann ausprobiert werden. Testen Sie, was Ihrem Mann gefällt, beobachten Sie ihn genau, schauen Sie ihm in die Augen und leiten Sie sich davon ab, was er genießt.

Das Halten und sanfte Drücken der Hoden kann ebenfalls angenehme Empfindungen hervorrufen. Alternativ können Sie die Haut des Hodensacks leicht kneifen und rollen, indem Sie sie sanft zwischen zwei Fingern ziehen. Fragen Sie Ihren Mann, was er gerne möchte – Kommunikation ist hierbei sehr wichtig.

Eine tantrische Hodenmassage ist gesund und heilend und kann eine tiefere Verbindung zwischen Ihnen schaffen, wenn sie richtig durchgeführt wird. Nehmen Sie sich Zeit, den Körper Ihres Mannes kennenzulernen und zu verstehen, wie er auf verschiedene Massagetechniken reagiert. Diese Massage kann als eigenständige Sitzung oder als Teil einer Lingam- oder Ganzkörpermassage integriert werden.

Prostatamassage

Tantrische Praktiker glauben seit Jahrhunderten, dass die Prostata – neben ihrer Rolle als Sitz der männlichen Sexualität – auch der Bereich des Körpers ist, in dem sich die negativsten Gefühle im Laufe der Zeit ansammeln. Enttäuschungen, Frustrationen, Wut, Hass und ein Mangel an Selbstwertgefühl können Probleme in der Prostata, auch bekannt als männlicher G-Punkt, verursachen.

Eine Prostatamassage kann die Durchblutung in diesem Bereich fördern und Sauerstoff für eine bessere Gesundheit liefern. Eine gesunde Prostata hat ein geringeres Risiko für Probleme wie Drüsenvergrößerung, Harnwegsinfektionen und sogar Krebs, weshalb eine Frau ihrem Partner mit dieser Massage einen großen Dienst erweisen kann.

Die Prostatamassage kann die Muskeln in diesem Bereich entspannen und weich machen, was zu einer gesunden und normal funktionierenden Prostata beiträgt. Es ist eine Technik, die jeder erlernen kann. Vor Beginn der Massage sollte der Mann seine Blase und, falls notwendig, seinen Darm entleeren. Die Frau, die die Massage durchführt, sollte saubere Hände mit gepflegten Nägeln haben oder alternativ gut sitzende Latexhandschuhe tragen, um die Massage angenehmer für beide zu gestalten.

Die Massage ist für Ihren Partner angenehmer, wenn er sexuell erregt ist. Es kann hilfreich sein, dies vor der Massage zu erreichen. Verwenden Sie dann ein wasserbasiertes Gleitmittel auf dem Handschuh oder dem Finger und führen Sie den Finger sanft in seinen Anus ein. Suchen Sie die Prostata, etwa so groß und geformt wie eine Walnuss, und üben Sie sanften Druck aus. Erweitern Sie allmählich die Massage auf die umliegenden Muskeln. Erhöhen Sie den Druck leicht, wenn Ihr Partner sich damit wohlfühlt, und seien Sie darauf vorbereitet, dass emotionale Reaktionen auftreten können, insbesondere wenn Ihr Mann viel emotionale Belastung mit sich trägt.

Die Prostatamassage kann auch während des Liebesspiels durchgeführt werden, was zu einer intensiven Ejakulation führt. Häufige sexuelle Aktivität ist gesund für die Prostata, da sie Flüssigkeiten klärt und die umliegenden Muskeln stärkt. In Kombination mit regelmäßiger Prostatamassage wird die Durchblutung und Sauerstoffversorgung in diesem Bereich gesteigert, wodurch das Risiko von Infektionen, Prostatavergrößerung und sogar Krebs minimiert wird. Sollte Ihr Mann bereits Prostataprobleme haben, kann die Massage helfen, die Symptome zu lindern.

Neben den gesundheitlichen Vorteilen ist die Prostatamassage auch eine Möglichkeit, Intimität und Vertrauen zwischen Ihnen zu stärken. Sie ist eine körperlich und emotional heilende Erfahrung für beide Partner. Wenn Sie sich unsicher fühlen, spezielle Massagen durchzuführen, sprechen Sie mit einem tantrischen Therapeuten. Dieser kann Sie durch den Prozess führen und wertvolle Tipps geben, um die Erfahrung für Sie beide besonders zu machen.

Wie man großartigen tantrischen Sex hat

Sie kann Sie mit Ihrem eigenen Körper und dem Ihres Partners in Einklang bringen und die Nähe und Intimität zwischen Ihnen stärken, selbst wenn Sie schon viele Jahre zusammen sind. Tantrische Massage aktiviert Ihre sexuelle Energie und verbessert die Durchblutung, sodass Sie mehr aus Ihren sexuellen Erlebnissen herausholen können. Männer können feststellen, dass die verbesserte Durchblutung dabei hilft, Schwierigkeiten mit der Erektion zu überwinden, während Frauen neue Möglichkeiten der Erregung entdecken und intensivere Orgasmen als je zuvor erleben können.

Obwohl das Ziel der tantrischen Massage nicht darin besteht, einen Orgasmus zu erreichen, kommt es häufig vor, dass dies während der Massage geschieht – und diese Orgasmen können intensiver und langanhaltender sein als je zuvor. Außerdem hilft Ihnen die tantrische Massage, die Geheimnisse Ihres eigenen Körpers und des Körpers Ihres Partners zu entdecken. Wenn Sie anschließend sich lieben, können Sie tiefere Ebenen von Gefühlen und Emotionen freisetzen und die Intimität und Freude zwischen Ihnen steigern.

Hier sind einige Ideen, wie Sie Ihre Erfahrungen mit tantrischem Sex großartig gestalten können.

Langsam angehen

Tantrischer Sex ist kein Wettlauf – es ist eine Reise zwischen zwei Menschen, die sowohl spirituell als auch sinnlich miteinander verbunden sind. Daher ist es wichtig, ihn richtig zu erleben. Es ist kein kurzer Akt, bei dem es nur um die Erleichterung geht. Sorgen Sie also dafür, dass Sie zusammen Zeit haben, ohne Ablenkungen, damit Sie sich völlig aufeinander konzentrieren können. Entspannen Sie sich mit Atemübungen und schauen Sie sich liebevoll in die Augen.

Wenn Sie beide ruhig und entspannt sind und sich in der Gesellschaft des anderen wohlfühlen, ist es Zeit, zu beginnen. Nehmen Sie sich die Zeit, den Körper des anderen vollständig zu erkunden, bevor Sie überhaupt an die Penetration denken. Berühren, streicheln, küssen, lecken, schmusen, streicheln – ob durch Massage oder einfach nur durch Berührung. Es liegt ganz bei Ihnen. Im Herzen der tantrischen Lehre steht die Verehrung Ihres Partners als Gott oder Göttin. Es geht also nicht nur um den Genitalbereich, wenn Sie sich lieben. Sie verehren und genießen die ganze Person. Deshalb werden tantrische Praktiker dazu ermutigen, Zeit mit Erkundung und Entdeckung zu verbringen.

Wenn Sie Zeit damit verbringen, den Körper des anderen zu erkunden, werden Sie einen verstärkten Erregungszustand erreichen, der Ihnen hilft, einen intensiven, langanhaltenden

Orgasmus zu erleben. Vielleicht haben Sie von tantrischem Sex gehört, der Stunden dauert, und ja, das kann passieren, obwohl es nicht unbedingt so sein muss. Es geht nicht um einen sexuellen Marathon. Es geht darum, die Verbindung und die Intimität zu vertiefen und das Vergnügen für Ihr beidseitiges Wohlbefinden zu verlängern. Es geht nicht nur um die Genitalien und den Orgasmus. Es geht um das gesamte sexuelle Erlebnis.

Wenn Sie merken, dass Sie dem Orgasmus näher kommen, machen Sie eine Pause, atmen Sie bewusst und kommen Sie etwas herunter. Fahren Sie dann fort und wiederholen Sie das Spiel aus Atmung und Entspannung, wenn Sie möchten. Der resultierende Orgasmus – wenn er kommt – wird für beide von Ihnen wirklich überwältigend sein und das Warten wert sein. Beim tantrischen Sex ist der Orgasmus nicht das alleinige Ziel – Vergnügen und totale Zufriedenheit sind das Ziel. Nehmen Sie sich also Zeit und genießen Sie alle Empfindungen. Wie bereits gesagt, es ist kein Wettlauf!

Tantrischer Analsex

Tantra konzentriert sich darauf, persönliche Grenzen zu erforschen und die Verbindung zwischen Partnern zu vertiefen. Es fördert Vertrauen, Hingabe und gegenseitigen Respekt in Beziehungen. Einige tantrische Lehren legen nahe, dass bestimmte intime Praktiken, wie solche, die eine tiefe

Verbindung beinhalten, zu einer kraftvollen Erfahrung von Vereinigung und Energieaustausch führen können. Dieser Ansatz betont sexuelle Harmonie und gegenseitigen Respekt und hat zum Ziel, die Bindung zu stärken sowie ein Gefühl des Wohlbefindens und des Energieflusses zwischen den Partnern zu fördern.

Verlängere das Erlebnis

Während Menschen unterschiedliche Zeitrahmen für den Höhepunkt haben können, können manche auch mehrere Höhepunkte erleben. Wenn jedoch ein Partner den Höhepunkt erreicht, fühlt er sich oft erschöpft, was das Ende der Sitzung signalisiert. Tantra schlägt vor, dass ein zu früh oder zu häufig erreichter Höhepunkt die Energie verringern und manchmal verhindern kann, dass der Partner vollständig zufrieden ist. Eine der grundlegenden Ideen einer großartigen tantrischen Verbindung ist es, das Erlebnis zu verlängern, was durch Techniken erreicht werden kann, die das Timing regulieren. Diese Methoden können das Gesamterlebnis verbessern und eine tiefere Verbindung zwischen den Partnern ermöglichen.

Das Üben von fokussierten Atemtechniken ist eine gängige Methode, um das Tempo zu verlangsamen und die Energie zu bewahren. Langsame, rhythmische Atmung hilft, den Moment zu kontrollieren und ermöglicht es den Partnern, sich zu synchronisieren und tiefer zu verbinden. Durch das Verlangsamen des Atems bleiben die Menschen entspannt und verlängern das Erlebnis.

Positionswechsel können ebenfalls dabei helfen, den Moment zu verlängern. Durch das Wechseln der Positionen kann die Intensität des Moments verringert werden, wodurch neue Empfindungen entstehen, die das Erlebnis angenehmer und abwechslungsreicher machen. Das Ausprobieren verschiedener Positionen kann ein unterhaltsamer und entdeckender Teil des Erlebnisses sein.

Ein hilfreicher Tipp, um die Energie zu bewahren, ist es, sanft körperliche Bewegungen anzupassen, um das Timing zu steuern. Einfache körperliche Anpassungen können helfen, das Tempo des Erlebnisses zu regulieren und eine längere Freude zu ermöglichen.

Kegel-Übungen können ebenfalls dabei helfen, die Kontrolle zu bewahren. Durch das Üben von Muskelkontrolle können Individuen besser das Timing regulieren und das Erlebnis verlängern. Diese Techniken in Kombination mit fokussierter Atmung können besonders effektiv sein.

All diese Strategien sollen dazu beitragen, die Qualität der Verbindung zu verbessern und ein tieferes, bedeutungsvolleres Erlebnis für beide Partner zu schaffen.

Übungen zur Steigerung der Libido

Im Tantra gibt es mehrere Übungen, die helfen können, die Energie zu steigern, die Verbindung zum Partner zu verbessern und das allgemeine Wohlbefinden zu fördern. Diese Übungen sind einfach und erfordern nicht viel Zeit oder Energie. Probieren Sie sie aus und sehen Sie, welche für Sie am besten funktionieren.

Eine solche Übung ist die Beckenbewegung, die helfen kann, Muskeln zu stärken und die Libido zu fördern. Um diese Übung auszuführen, legen Sie sich auf den Rücken, die Knie angehoben und hüftbreit auseinander. Konzentrieren Sie sich auf entspannte, rhythmische Atmung und heben Sie sanft Ihr Becken an, während Sie Ihre Muskeln anspannen. Wiederholen Sie dies für eine Minute, dann ruhen Sie sich für etwa 30 Sekunden aus und machen eine weitere Runde. Mit der Zeit können Sie die Anzahl der Sätze erhöhen, wenn Sie sich mit der Übung wohler fühlen.

Kegel-Übungen sind eine weitere effektive Praxis zur Förderung der sexuellen Gesundheit. Diese Übungen stärken die Beckenmuskulatur und verbessern die Empfindungen für beide Partner. Sie können Werkzeuge wie ein Jade-Ei während dieser Übungen verwenden, um die natürliche Muskulatur zu unterstützen und mehr Komfort bei der Intimität zu fördern. Wie lange Sie das Ei verwenden, bleibt

Ihnen überlassen, aber etwa 15 Minuten täglich sind in der Regel ein guter Startpunkt.

Der wichtigste Gedanke hinter vielen tantrischen Praktiken ist Selbstbeherrschung – das Steuern Ihrer Atmung, Ihrer Muskeln und der Reaktionen Ihres Körpers. Tantra fördert die achtsame Wahrnehmung des eigenen Körpers und der Empfindungen, was zu intensiveren und stärker verbundenen Erlebnissen führen kann.

Fazit

Tantrische Massage bietet Paaren eine einzigartige Gelegenheit, auf einer tieferen Ebene miteinander zu verbinden. Es ist eine Erfahrung, die sich auf den ganzen Menschen konzentriert und den Partnern hilft, mehr auf den Körper und die Emotionen des anderen einzugehen. Tantrische Massage fördert Entspannung und Achtsamkeit und schafft eine Umgebung, in der beide Personen neue Formen der Nähe und des Vergnügens entdecken können, was Vertrauen und gegenseitiges Verständnis fördert.

Ein wichtiger Aspekt der tantrischen Massage ist, dass sie nicht darauf abzielt, einen Orgasmus zu erreichen, sondern die emotionale und körperliche Verbindung zwischen den Partnern zu verstärken. Indem der Leistungsdruck wegfällt, ermöglicht sie es beiden Personen, neue Dimensionen der Intimität und des Vergnügens zu erleben. Viele Paare berichten, dass sie sich nach der Praxis der tantrischen Massage näher und mehr im Einklang miteinander fühlen, da sie offene Kommunikation und ein tieferes Verständnis der Bedürfnisse des anderen fördert.

Wenn Paare weiterhin tantrische Techniken praktizieren, stellen sie oft fest, dass sie mehr Selbstvertrauen in sich selbst und in den anderen entwickeln. Die Praxis hilft beim physischen und emotionalen Wohlbefinden und schafft ein Gefühl der Entspannung und Harmonie, das über das Schlafzimmer hinausgeht. Das Ergebnis ist eine ausgeglichene und erfüllende Beziehung, in der die Partner einander auf vielen Ebenen respektieren und schätzen.

Referenzen

Chamberlain, C. (2022, February 3). *A step-by-step guide to performing tantric massage.* Yahoo.com; Yahoo Life.

Duncan, J. (2024, September 10). *7 Mindful Tantra Techniques to Cultivate Deeper Intimacy.* Organic Authority.

Folk, H. (2024, May 29). *Guide to Erogenous Zones: A New Way to Connect With Your Partner.* Theknot.com; The Knot.

Lockett, E. (2020, November 24). *Your Guide to Lingam Massage.* Healthline; Healthline Media.

Maimon, L. (2023, December 5). *What is Tantra Massage Therapy and its Healing Benefits* - Somananda Tantra School.

Radhakrishnan, R. (2021, October 4). *Is Prostate Massage Healthy? Health benefits, Risks, Steps.*

Villines, Z. (2020, July 24). *Erogenous zones: What they are and how to stimulate them.*

Villines, Z. (2022, June 1). *Prostate milking: Definition and how to do it.* .

Wendel, N. (2021, February 2). *6 Tantric Techniques to Improve Your Sex Life | Spirituality+Health.*

Yoni Massage: A Pathway to Feminine Awakening and Healing – Tantric Journey Brighton. (2023).

Deine heilige Reise geht weiter

Der Pfad der spirituellen Entdeckung ist weit und entfaltet sich immerfort. Wenn die Tantra-Massage deine Seele berührt hat, wirst du in unserer sorgfältig zusammengestellten Sammlung von Büchern über Intimität und innere Transformation noch mehr finden. Scanne den untenstehenden QR-Code, um weitere Ratgeber zu entdecken, die darauf ausgerichtet sind, deine Verbindung zu vertiefen und deinen spirituellen Weg zu erweitern.

https://mybook.to/germancollection

Danksagung

Ein Buch über Intimität und spirituelle Verbindung entsteht niemals im Alleingang. Mein herzlicher Dank gilt all jenen, die mich auf diesem Weg begleitet haben – den Lehrern, die ihr Wissen mit mir geteilt haben, und den mutigen Paaren, deren Offenheit und Vertrauen mich immer wieder aufs Neue inspiriert haben. Ein besonderer Dank gebührt meiner Partnerin / meinem Partner [Optional: Name einfügen], deren Liebe und Präsenz der wahre Ursprung dieser Zeilen sind. Und schließlich danke ich dir, liebe Leserin, lieber Leser, dass du dich auf diese Reise einlässt, um die Heiligkeit der Berührung in die Welt zu tragen.

Über die Autorin

Cindy Steele ist eine hingebungsvolle Erforscherin des Herzens und eine leidenschaftliche Verfechterin bewusster Intimität. Mit ihrem Hintergrund in ganzheitlichem Wellness und Beziehungscoaching unterstützt Cindy seit Jahren Paare dabei, die Brücke zwischen körperlicher Berührung und spiritueller Verbindung zu schlagen. Ihr Schreiben wird von der Überzeugung getragen, dass jede Umarmung eine Chance zur Heilung und jeder Atemzug eine Gelegenheit ist, den Partner neu zu entdecken. Wenn sie nicht gerade schreibt oder Workshops leitet, praktiziert Cindy Yoga, bereist heilige Orte oder genießt die stille Schönheit der Natur.